PENSANDO O CINEMA MOÇAMBICANO

ENSAIOS

CIÊNCIAS & ARTES

Carmen Lucia Tindó Secco

(organizadora)

PENSANDO O CINEMA MOÇAMBICANO

ENSAIOS

kapulana
editora

São Paulo
2018

Copyright ©2018 Editora Kapulana Ltda.

Organizadora: Carmen Lucia Tindó Secco
Coordenação editorial: Rosana Morais Weg
Projeto gráfico e capa: Daniela Miwa Taira

Dados Internacionais de Catalogação na Publicação (CIP)
(Câmara Brasileira do Livro, SP, Brasil)

Pensando o cinema moçambicano: ensaios/ Carmen Lucia Tindó Secco, (organizadora). -- São Paulo: Kapulana, 2018.

Vários autores.
Bibliografia.
ISBN 978-85-68846-44-5

1. Cineastas - África - Apreciação crítica 2. Cinema - Moçambique 3. Cinema e literatura 4. Filmes cinematográficos - História e crítica 5. Literatura moçambicana - História e crítica I. Secco, Carmen Lucia Tindó.

18-21244 CDD-791.4309679

Índices para catálogo sistemático:
1. Moçambique: Cinema: História e crítica   791.4309679

Maria Paula C. Riyuzo - Bibliotecária - CRB-8/7639

2018

Reprodução proibida (Lei 9.610/98).
Direitos desta edição reservados à Editora Kapulana Ltda.
Rua Henrique Schaumann, 414, 3º andar, CEP 05413-010, São Paulo, SP, Brasil.
editora@kapulana.com.br – www.kapulana.com.br

Sumário

Apresentação - *Pensa Kanema* – escritos sobre o cinema moçambicano
Carmen Lucia Tindó Secco _____ 09

Imaginação e resistência no filme *O búzio*, de Sol de Carvalho
Vanessa Ribeiro Teixeira _____ 17

Políticas da amizade em *O búzio*, de Sol de Carvalho
Marlon Augusto Barbosa _____ 27

A árvore dos antepassados, de Licínio Azevedo:
cinema, documentário e política
Maria Geralda de Miranda _____ 37

Cinema e literatura: África em diálogo
Viviane Mendes de Moraes _____ 55

Sobre *Ngwenya*: memória e identidade cultural, poesia e resistência
Beatriz de Jesus dos Santos Lanziero _____ 65

A caminho do *Ngwenya*: nótulas para "uma espécie de iniciação"
Lucca Tartaglia _____ 75

Ngwenya, o crocodilo: fotogenia e afetos no cinema de Isabel Noronha
Ana Lidia da Silva Afonso _____ 89

Cinema e literatura sobre os campos de reeducação em Moçambique
Carla Tais dos Santos _____ 99

Literatura e cinema moçambicanos: Margaridas – imagens da
prostituta em José Craveirinha e em Licínio Azevedo
Marlene dos Anjos _____ 113

O corpo negro feminino e a prostituição em *O alegre canto da perdiz*, de Paulina Chiziane, e em *Virgem Margarida*, de Licínio Azevedo
Cristine Alves da Silva ———————————————— 125

Literatura e cinema: um estudo sobre a adaptação cinematográfica do romance *Terra sonâmbula*
Danyelle Marques Freire da Silva ———————————— 135

A Organizadora ——————————————————— 147

Os Autores ————————————————————— 149

Agradecimentos

À FAPERJ e ao CNPq pelas bolsas destinadas ao projeto "Literatura, Cinema e Afeto: figurações e tramas da História em escritas literárias e fílmicas de Moçambique e Guiné-Bissau", cujas pesquisas deram origem a esta coletânea de ensaios.

Ao Luís Carlos Patraquim e à Ana Mafalda Leite que vieram à Faculdade de Letras da UFRJ, em 2017 e 2018, proferir palestras sobre cinema, incentivando, sobremaneira, nossas investigações sobre o assunto.

Ao Felipe Cardoso Andrade e Gabriel Dottling, por terem pesquisado filmes, tornando possíveis duas das Mostras de Cinema Africano na UFRJ.

Ao Marlon Augusto Barbosa e à Carla Tais dos Santos, pela revisão de artigos aqui publicados.

À Editora Kapulana pelo interesse em editar este livro.

Esta obra foi publicada com apoio da FAPERJ (Fundação de Apoio à Pesquisa do Estado do Rio de Janeiro): com verba da bolsa Cientista de nosso Estado/FAPERJ concedida à Carmen Lucia Tindó Ribeiro Secco (Processo E26/202967/2016).

Apresentação

Pensa *Kanema* - escritos sobre o cinema moçambicano

Carmen Lucia Tindó Secco

Profa. Titular de Literaturas Africanas
Universidade Federal do Rio de Janeiro - UFRJ
Pesquisadora do CNPq (Conselho Nacional de Desenvolvimento Científico e Tecnológico)
e da FAPERJ (Fundação de Amparo à Pesquisa do Estado do Rio de Janeiro)

A palavra *kanema* – que, na língua macua do norte de Moçambique, quer dizer "imagem", "cinema" – foi bastante empregada após a independência moçambicana, quando Samora Machel, em 1975, incentivou a criação do Instituto Nacional de Cinema (INC) e promoveu intensa ação cultural por intermédio de unidades móveis que percorriam aldeias, levando ao interior do país o *Kuxa Kanema*, cinejornal, cujo nome significa "o nascimento do cinema".

O presidente Samora, conhecedor do poder da imagem, buscou construir a nova nação independente, incentivando o cinema em Moçambique. Seu lema era filmar imagens do povo para devolvê-las ao próprio povo.

Luís Carlos Patraquim, um dos cineastas moçambicanos que participou das edições do *Kuxa Kanema*, defende que

> [...] o cinema moçambicano é parte do acervo histórico nacional e uma ferramenta poética para perceber o presente e perspectivar futuros; é patrimônio cultural, a par da nossa literatura, da pintura, da escultura, do teatro, do canto e da dança, podendo espelhá-las todas, essas belas malasartes, mais a intensa riqueza linguística e diversidade de que é feita a invenção real e utópica da nossa plural identidade. (PATRAQUIM, 2011).

No caso particular de Moçambique, as produções cinematográficas tiveram o importante papel de pensar e representar, por intermédio de imagens, a nação recém-libertada, propiciando reflexões diversas acerca das culturas de várias etnias que habitavam o território antes da colonização portuguesa, acerca do colonialismo, acerca da guerra de libertação, acerca de problemas que afeta(va)m o povo moçambicano.

Considerado "a sétima arte", o cinema funda um modo de pensamento que opera com imagens, sons, cores, luzes, movimentos, tempo, espaço. E, na medida em que pode gerar reflexões críticas, questionamentos, encontra-se em íntima correlação com a Filosofia, cuja principal característica é "fazer pensar".

Para Gilles Deleuze, há dois tipos de cinema: o clássico e o moderno. No primeiro, há o predomínio da ação; a montagem segue uma lógica de causa e efeito, concatenando as imagens por intermédio de uma linearidade narrativa que se direciona para a resolução dos conflitos. Esse tipo de cinema é designado por Deleuze como "imagem-movimento", distinguindo-se por apresentar um esquema sensório-motor que trabalha com enredos e mensagens, até certo ponto, previsíveis. Já o cinema moderno opera com a "imagem-tempo", rompendo com conexões sensório-motoras esperadas e com ações sucessivas e sequenciadas. Essa segunda forma de cinema explora o espaço-tempo, não se preocupando com a narrativa, mas, sim, com uma constante produção crítica de reflexões, pensamentos. Essa modalidade de cinema é mais cerebral; nela não ocorre um encadeamento linear de imagens: "Em vez de uma imagem depois da outra, há uma imagem mais outra e cada plano é desenquadrado em relação ao enquadramento do plano seguinte" (DELEUZE, 2007, p. 255).

Para Mahomed Bamba, a África tem uma produção cinematográfica ainda incipiente; por isso, o cinema africano, de modo geral, ainda se encontra preocupado com processos de construção e consolidação das nações africanas, uma vez que, historicamente, muitas destas são recentes, tendo sido criadas com suas independências, na segunda metade do século XX. Por tais razões, há, nos filmes africanos, em geral, uma recorrente temática de procura e definição do nacional. Diversos cineastas africanos, entre os quais o premiado Cheick Oumar Sissoko, natural do Mali, são adeptos do "cinema da verdade", considerando função das narrativas cinematográficas

> portar para a tela as imagens da África, as maneiras de viver, as maneiras de amar, de sentir prazer, de sofrer, de lutar; a maneira de viver das sociedades africanas é um desafio. Isso porque hoje as imagens da África são quase ausentes do universo das imagens. Nós não as vemos. É importante essa missão porque a África não está inclusa. A África é apresentada como o continente

de todas as calamidades, de conflitos, de guerra, de epidemias, da falta, da seca. O continente da pobreza. É isso que os países do norte mostram ao seu povo. A África é marginalizada, excluída. Nem ao menos se sabe que a África é o berço da humanidade ou que a África produziu inúmeros impérios ou então que, em certo momento da história da humanidade, a África estava muito mais avançada do que os países europeus. (SISSOKO, 2015).

Bamba adverte, ainda, que, apesar da insistência em buscar o nacional presente na filmografia africana, nesta "a representação da nação é, em grande parte, mais ideológica e política, que cultural" (BAMBA. In: FRANÇA e LOPES, 2010, p. 269); "na falta de nações no sentido pleno" (*idem*, p. 279), alguns cineastas africanos criam, "no plano simbólico e imaginário, uma espécie de pan-africanismo" (*idem, ibidem*), que focaliza a África como um todo harmônico, como se todas as nações africanas fossem homogêneas; geram, desse modo, concepções idealizadas de nação que não correspondem, inteiramente, à atual realidade sociopolítica e cultural dos multifacetados e multiétnicos países africanos.

De acordo com Marc Ferro, que investiga as relações entre cinema e história, "a câmera desvela segredo[s], apresenta o avesso de uma sociedade, seus lapsos" (FERRO, 2010, p. 31). Os ensaios, reunidos no livro *Pensando o cinema moçambicano*, buscam apreender e interpretar sentidos ocultos da história de Moçambique em narrativas fílmicas – algumas delas postas em diálogo com obras literárias moçambicanas –, refletindo sobre o modo como tais relatos problematizam os contextos históricos por eles representados. Seguindo a orientação política de Marc Ferro, diversos dos estudos aqui publicados procuram relacionar e discutir diferentes temporalidades históricas e sociais suscitadas pelos filmes, documentários e romances analisados, uma vez que "o objeto da história não é apenas o conhecimento dos fenômenos passados, mas igualmente a análise dos elos que unem o passado ao presente, a busca de continuidades, de rupturas" (FERRO, 2010, quarta capa).

A proposta do livro *Pensando o cinema moçambicano* é, portanto, a partir da análise de filmes, documentários, romances, demonstrar como narrativas literárias e fílmicas podem gerar afetos capazes de levarem a questionamentos profundos acerca da história e da dimensão humana tanto em uma perspectiva existencial, como social. Segundo Spinoza, os afetos denotam não apenas atitudes existenciais face à potência de viver, mas atitudes políticas que podem externar alegóricas manifestações de crítica e indignação. Deleuze, por sua vez, afirma que o pensamento necessita escapar aos clichês, sair da imobilidade do senso comum. O cinema, afetado por imagens descentradas, pode desempenhar um papel estimulador da potência de pensar.

Composto por uma coletânea de onze ensaios que analisam filmes e obras literárias de Moçambique, o presente livro é resultado do Encontro com Luís Carlos Patraquim, durante a *III Mostra de Cinema Africano* – organizada, sob minha coordenação, na Faculdade de Letras da Universidade Federal do Rio de Janeiro - UFRJ, de 5 a 9 de junho de 2017 –, e do curso "Afeto, Literatura e Cinema: representações da História em obras literárias e filmes de Angola, Moçambique e Guiné-Bissau" – disciplina por mim ministrada no âmbito do Programa de Pós-Graduação em Letras Vernáculas, na Faculdade de Letras/UFRJ, no primeiro semestre de 2017. Procede, ainda, de nossa pesquisa, "Literatura, cinema e afeto: representações da História em romances e filmes de Moçambique e Guiné-Bissau", que dialoga e mantém parceria com os projetos "NEVIS – Narrativas escritas e visuais da nação pós-colonial", CESA/FCT, PTDC/CPC-ELT/4939/2012, e "NILUS – Narrativas do Oceano Índico no espaço lusófono", coordenados pela Doutora Ana Mafalda Leite.

O primeiro e o segundo ensaios de *Pensando o cinema moçambicano*, da autoria, respectivamente, de **Vanessa Ribeiro Teixeira** e **Marlon Augusto Barbosa**, se ocupam do curta-metragem *O búzio* (2009), de Sol de Carvalho, cuja mensagem principal é colocar em questão as contradições de uma guerra que talvez já não sirva mais ao seu propósito. Vanessa aborda os "intervalos" dessa guerra focalizados pelo filme e se interroga sobre o espaço da fábrica abandonada que, considerada como metáfora de múltiplas possibilidades – esconderijo? abrigo? solidão? extermínio? reflexão? lúdico? criação? –, faz o protagonista Vicente emergir como um sujeito diferente e questionador. Marlon, por sua vez, partindo de três eixos presentes no filme – a amizade, a lei da escolha e o perdão –, com base em considerações de Jacques Derrida sobre a amizade e sobre o perdão, pensa como tais elementos podem se entrelaçar e se relacionar poeticamente em prol de um questionamento político do projeto revolucionário.

O terceiro ensaio, de **Maria Geralda de Miranda**, centrando-se em *A árvore dos antepassados*, de Licínio Azevedo, chega à conclusão de que o filme é uma contribuição para a afirmação das raízes identitárias e culturais moçambicanas, pois, de maneira profunda, se insere em uma política cultural mais ampla, valorizando a paz e as tradições que devem ser respeitadas.

Viviane Mendes de Moraes, no ensaio seguinte – o quarto –, faz uma leitura do filme *Fogata*, de João Ribeiro, que é uma adaptação cinematográfica do conto "A Fogueira", do escritor Mia Couto. Discute a "desdramatização da morte" – ponto de tensão entre as duas obras –, avaliando a forma como as comunidades rurais de Moçambique entendem a finitude da existência humana e a relação entre morte, vida e sepultamento vivenciada pelo casal protagonista do conto e do filme. Conclui que, apesar da sensação distópica em relação ao social, tanto o filme quanto o conto, embora apresentem uma evidente dicção irônica, deixam em aberto, no final, um desejo de que o amanhã seja menos amargo e a vida, junto à família e aos mortos, possa se reestabelecer e fluir menos solitária e um pouco mais harmoniosa.

Os quinto, sexto e sétimo ensaios se debruçam sobre *Ngwenya, o crocodilo*, de Isabel Noronha, documentário que realiza uma biografia do pintor Malangatana Valente e da própria cineasta. A narrativa fílmica se aproxima do *cinema-poesia*, na medida em que põe em diálogo diversas artes – cinema, pintura, literatura – e também a história e a cultura moçambicanas. O ensaio de **Beatriz de Jesus dos Santos Lanziero**, com base nos estudos de Deleuze sobre cinema, observa no filme a construção de imagens óticas e sonoras características do regime *imagem-tempo*. Demonstra como Isabel Noronha, afastando-se do clichê, do previsível, descolonizando a imagem, conjuga, de forma dialética, tradição e modernidade. **Lucca Tartaglia**, por seu turno, procura evidenciar, em sua leitura do referido documentário, os indícios de "uma espécie de iniciação", de uma viagem iniciática ao universo ronga e, mais especificamente, à cosmovisão do pintor, através das escolhas de Noronha – posicionamento e movimento das câmeras, escolha das personagens, profundidade de campo, etc. –, levando sempre em consideração a via íntima e pessoal, a experiência da própria Isabel no que se refere ao relato do artista. **Ana Lidia da Silva Afonso**, também voltada para esse mesmo documentário, estuda, com base em Deleuze, Marcel Martin e Louis Delluc, a linguagem cinematográfica de Isabel Noronha, evidenciando como a cineasta, neste filme, opta por uma dicção afetiva, dinamizadora de imagens produzidas através da fotogenia, com o objetivo de ressaltar o aspecto poético extremo dos seres e das coisas.

O oitavo ensaio, de **Carla Tais dos Santos**, compara o filme *Virgem Margarida*, de Licínio Azevedo, com o romance *Entre as memórias silenciadas*, de Ungulani Ba Ka Khosa, a partir de um tema comum às duas narrativas: os campos de reeducação em Moçambique. Para tanto, utiliza categorias literárias, tais como espaço, personagem, tempo e narrativa, além de elementos da história e do estudo da linguagem cinematográfica, entre outras artes, amparando-se teoricamente em Frantz Fanon, Hugo Achugar, Ismail Xavier, Márcio Seligmann-Silva, entre outros.

O nono e o décimo ensaios também abordam o filme *Virgem Margarida*, de Licínio Azevedo, mas o fazem a partir do tema da prostituição em Moçambique. **Marlene dos Anjos** efetua uma leitura comparativa entre a Margarida de Licínio Azevedo e a "Mulata Margarida", do poema de José Craveirinha. A história moçambicana é repensada, tendo por base as histórias das duas Margaridas. **Cristine Alves da Silva**, por sua vez, elege o romance *O alegre canto da perdiz*, de Paulina Chiziane, para dialogar com o filme *Virgem Margarida*, de Licínio Azevedo, examinando nessas obras situações de opressão a que o corpo negro feminino foi submetido enquanto objeto da afirmação da sexualidade masculina, tanto no regime colonial, como no governo pós-independente da FRELIMO. Discute a imagem da mulher prostituta em Moçambique, levantando questões históricas e sociais que determinaram sua inserção nesse universo de prostituição.

O último ensaio – o décimo primeiro –, da autoria de **Danyelle Marques Freire da Silva**, analisa a adaptação do romance *Terra sonâmbula*, do escritor moçambicano Mia Couto, para o formato cinematográfico desenvolvido pela realizadora Teresa Prata. Chama atenção para o fato de que a cineasta optou por não fazer uma obra fiel ao romance, concluindo que, no processo de adaptação, o diretor tem liberdade para transpor para a linguagem fílmica sua leitura da obra literária.

Com o propósito de contribuir não apenas com a divulgação de filmes e cineastas moçambicanos, mas também com discussões teóricas sobre cinema e sobre a relação deste com a literatura, faço votos de que os ensaios aqui reunidos possibilitem um conhecimento mais profundo do assunto e um olhar mais amplo acerca do cinema moçambicano, sendo estímulo para novas edições que tratem do cinema e da literatura de outros países africanos.

Referências

BAMBA, Mahomed. "O Cinema na África: dos contos ancestrais às mistificações cinematográficas". In: FRANÇA, Andréa; LOPES, Denilson (Org.). *Cinema, globalização e interculturalidade*. Chapecó: Argos, 2010, p. 267-280.

_____; MELEIRO Alessandra (org.) *Filmes da África e da diáspora*. Salvador: EdUFBA, 2012.

DELEUZE, Gilles. *Espinosa*. Filosofia prática. Trad. Daniel Lins e Fabien Pascal Lins. São Paulo: Escuta, 2002.

_____. *Cinema 1: a imagem-movimento*. Trad. Stella Senra. São Paulo: Brasiliense, 1985.

_____. *Cinema 2: a imagem-tempo*. Trad. Eloisa Araújo. São Paulo: Brasiliense, 2009.

_____; GUATTARI, Félix. *O que é a filosofia?* Trad. Bento Prado Jr. e Alberto A. Muñoz. São Paulo: Editora 34, 2007.

FERRO, Marc. *Cinema e história*. Trad. Flavia Nascimento. 2. ed. Rio de Janeiro: Paz e Terra, 2010.

PATRAQUIM, Luís Carlos. Resenha sobre o livro: CONVENTS, Guido. *Os moçambicanos perante o cinema e o audiovisual. Uma história político-cultural do Moçambique colonial até à República de Moçambique (1896-2010)*. In: *Buala*, 30 de abril de 2011. Disponível em: <http://www.buala.org/pt/afroscreen/um-livro-pioneiro-sobre-o-cinema-em-e-de-mocambique> Acesso em: 27 jun. 2018.

SISSOKO, Cheick Oumar. "A concepção africana da sétima arte". Entrevista à *AFREAKA*. Texto e fotos de Flora Pereira da Silva e arte de Natan Aquino. Mali, 17 de julho de 2015. Disponível em: <http://www.afreaka.com.br/cheick-oumar-sissoko-e-o-cinema-da-verdade> Acesso em: 25 jun. 2018.

Imaginação e resistência no filme *O búzio*, de Sol de Carvalho

Vanessa Ribeiro Teixeira

> Esse era o objetivo, o desiderato maior destas guerras que não tocavam uma só fronteira nacional, um só povo, uma só etnia, mas todas as nações, todas as cores, porque o Caos tinha que se sobrepor ao Eros.
>
> Ungulani Ba Ka Khosa – *Os sobreviventes da noite* (2008)

Assistindo ao filme *O búzio* (2009), de Sol de Carvalho, deparamo-nos com a encenação de uma triste realidade, na qual a guerra segue despedaçando infâncias. A obra não só tematiza a guerra civil, que assolou o território moçambicano durante quase duas décadas, como traz para o seu centro o drama das infâncias corrompidas, a saga dos meninos-soldados. O curta-metragem, encenando, questionando e recriando as feridas de uma recente história moçambicana, logra transformar o real vivido – ouvido ou experimentado – num real imaginado. A criação dessa linha tênue entre ficção e realidade, entre "obra e contexto", no universo artístico de Moçambique, é referida por Francisco Noa:

> No permanente jogo de representações de que a arte africana, no seu todo, é pródiga, invariavelmente se tecem, diluem e refazem as fronteiras entre obra e contexto, numa reinvenção quase sempre vibrante quer do vivido quer dos artifícios compositivos que desafiam tanto a estabilidade conceitual da arte, como da própria estrutura do real. (NOA, 2017, p. 13).

A trama de Sol de Carvalho desenrola-se num único cenário: uma fábrica abandonada, caracterizada pelo maquinário envelhecido, pelas engrenagens enferrujadas, pelas latarias de automóveis fora de uso, dentre outros elementos marcados pela ruína. Em lugar do tão sonhado espaço de produção, que sedimentaria a economia de uma nação recém-nascida e "moderna", vemos destroços que denotam a destruição de um futuro possível.

A fábrica servirá como cativeiro/abrigo/esconderijo para um grupo de guerrilheiros e um jovem feito prisioneiro. O crime do moço? Uma possível futura revelação da localização do grupo para o inimigo. Curiosamente, ao longo dos pouco mais de nove minutos de duração da obra fílmica, não podemos determinar de maneira inequívoca qual o lado defendido pelo grupo de soldados: se levantam a bandeira do poder oficial, representado pela FRELIMO, ou empunham armas em nome do principal levante oposicionista, as forças da RENAMO. Afinal de contas, para além das desgastadas roupas camufladas e das armas em punho, não há uma referência clara, verbalizada, que identifique o grupo. Esse é um dado importante para percebemos que no centro da trama não se projeta a defesa de um ou outro partido, mas o questionamento da validade do confronto.

A câmera, posicionada no interior da fábrica, direciona o olhar do espectador por um ambiente inesperado, se considerarmos as expectativas diante de uma projeção intitulada *O búzio*. Sugerindo metáforas que ainda serão descortinadas, a primazia da visão começa a dividir espaço com o som de algumas vozes que chegam do exterior. No entanto, no momento em que visão e audição começam a encontrar uma harmonia, somos surpreendidos pela queda de uma grande peça de ferro que despenca do teto do imóvel, ao mesmo tempo em que ouvimos o som de um tiro e o grito do jovem cativo. O espectador, dominado, até então, pelo sentido da visão, é surpreendido pela violência "ouvida" a partir da queda da peça, do tiro e do grito.

Dentro da fábrica, o destino do prisioneiro é traçado: caso o "inimigo" se aproxime, ele deve ser imediatamente morto, evitando, assim, revelar o paradeiro do grupo. Segundo as ordens do Comandante da operação, caberá ao menino-soldado Vicente a tarefa de executá-lo, frente à ameaça inimiga. Vicente, além parecer ser ainda mais jovem do que o próprio prisioneiro, resiste em aceitar a tarefa, visto que reconhece o cativo como seu amigo:

> – O inimigo deve entender que nós é que controlamos a área. Vicente!
> – Sim, Comandante!
> – Tu ficas aqui! Se vier o inimigo, tens de matá-lo! Entendido?
> – Mas...
> – Queres que ele caia vivo na mão do inimigo e revele nossa localização? Tens de matá-lo e desaparecer logo! Entendido?!
> – É meu amigo!
> – Queres que o matemos já?
> – Sim, Comandante. Eu fico...
>
> (*O búzio*, 2009, 00:00:49 – 00:01:09)

A guerra civil, também conhecida como guerra de desestabilização ou guerra fratricida, tanto combate o "inimigo" como anula violentamente as possibilidades de reconhecimento ou construção do "amigo", do *"frater"*, do "irmão". No filme, as pessoas, os objetos, a natureza são marcados pela mesma sombra de desestabilização. A morte está desenhada no futuro do jovem prisioneiro em razão da impossibilidade de se fazerem amigos na guerra. A fábrica, abandonada pela impossibilidade de produzir na guerra. E a natureza, morta pela impossibilidade de fazer brotar algo para além da guerra. A experiência da ruína atravessa todo o ambiente, irmanando, negativamente, os homens, os objetos (ferramentas e maquinário da fábrica abandonada) e a natureza.

A fábrica espelha o processo de alegorização da história enquanto ruína, com a ressalva de esta ser uma história muito recente, um passado colado ao presente. Pensando acerca dos conceitos de alegoria, ruína, natureza e história, não poderíamos deixar de considerar as palavras de Walter Benjamin, para quem a "expressão alegórica nasceu de uma curiosa combinação de natureza e história" (BENJAMIN, 1984, p. 189). Refletindo sobre a representação da história no teatro barroco alemão, Benjamin acentua ainda:

> A fisionomia alegórica da natureza-história, posta no palco pelo drama, só está verdadeiramente presente como ruína. Como ruína, a história se fundiu sensorialmente com o cenário. Sob essa forma, a história não constitui um processo de vida eterna, mas de inevitável declínio. Com isso, a alegoria reconhece estar além do belo. As alegorias são no reino dos pensamentos o que são as ruínas no reino das coisas. Daí o culto barroco das ruínas. (BENJAMIN, 1984, p. 200)

A guerra, de certa forma, "acelera" a experiência da ruína que estaria presente em todo e qualquer processo histórico. Consigo, traz o agravante da violência, da banalização da vida, da vivência rotineira da morte em grande escala, da desconstrução das relações sociais, incluindo aí a já referida impossibilidade da criação de laços de amizade. Entretanto, o filme de Sol de Carvalho nos apresenta dois elementos que, combinados, podem resistir à fatalidade arruinante da guerra: a infância e a imaginação.

Nosso menino-soldado Vicente, que já demonstra uma coragem singular ao tentar contra-argumentar as ordens do Comandante, construirá, no espaço da fábrica, na ausência dos demais guerrilheiros, um mundo, finalmente, sob o seu comando. E nesse mundo, não se matam amigos:

> – [...] Mas, se eles vierem? Não posso! Não quero entrar numa guerra e ter que matar amigos!
> – É o destino. Também tive que matar dois tios. Forçaram-me. A ti não?
> – Não tenho tios para matar. Não tenho ninguém.
> (*O búzio*, 2009, 00: 04:16 – 00:04:26)

Nesse diálogo, vislumbramos alguns aspectos importantes para compreender os lugares ocupados pelos jovens na trama. O categórico "não" de Vicente funciona como uma negativa incisiva aos descaminhos da guerra e às suas leis desumanas. O "não" levanta-se contra toda uma história de ruína e opressão. Ruína essa articulada pelos homens e seus projetos de poder, mas que, de tão generalizada e naturalizada, é lida pelo jovem prisioneiro como "destino". Os senhores do seu destino, os homens da guerra, como vimos, obrigaram-no a se livrar de laços sociais fundamentais, tais como as relações familiares. Vicente, por seu lado, quer criar laços e não destruí-los. Sua assumida orfandade – provavelmente provocada pela guerra – será compensada pela possibilidade, ainda que remota, de fazer amigos e, sobretudo, pela decisão de não matá-los, mas sim protegê-los.

Outro dado importante na caracterização das personagens refere-se aos seus nomes. Vicente será o único nomeado durante o desenrolar dos acontecimentos. Por outro lado, só conheceremos a identidade do outro jovem – até aqui reconhecido, apenas, como prisioneiro –, quando nos depararmos com os créditos apresentados no final da obra. Nesse caso, falamos de Eusébio. As demais personagens que assumem voz na trama não são exatamente nomeadas, mas identificadas pela função que exercem. Esses são os casos do "Comandante" e da "Voz".

Interessa-nos pensar essa relação entre as personagens e seus nomes – ou a ausência deles –, pois entendemos que a escolha do nome do nosso menino-soldado ressalta ainda mais a importância de suas atitudes dentro da trama. Etimologicamente, Vicente tem origem do nome latino *Vincentius*, que, por sua vez, deriva de *vincente*, forma do particípio passado do verbo *vincere*, que significa "vencer". Em suma, Vicente é "aquele que vence", "aquele que conquista", "vencedor", "conquistador". Mais adiante, perceberemos o quanto suas atitudes contribuem para a sua vitória.

Vicente e Eusébio encontram-se através dos caminhos da guerra e da orfandade. A tragédia os aproxima. No entanto, em meio a uma realidade tão crua e brutal, outro elemento os irmana: a imaginação. A capacidade de imaginar outros universos funciona como uma saída de ar fresco dentro de um tempo/espaço sufocante. A projeção lúdica de outros mundos possíveis os retira, por alguns momentos, das amarras do destino que para eles foi traçado. O lúdico está, de certa forma, atrelado à possibilidade de manipulação da realidade e devolve os dois jovens a um estado de infância que os afeta positivamente, ainda que por pouco tempo. De acordo com Antônio José Araújo Lima, apoiado nas leituras de Platão e Aristóteles, "o lúdico surge como uma atividade capaz de fazer as pessoas conviverem em grupo, socializando vivências, a fim de tornar possível a vida social." (LIMA, s.d., p. 2).

Uma breve cena chama a atenção sobre a necessidade de Vicente em experimentar outros mundos para fora da fábrica que, nesse momento, metaforiza o caos alimentado pela guerra. O menino encontra um grande tubo de ferro, instalado no teto do imóvel, na posição vertical, e que se estende quase até o solo, formando uma espécie de saída de ar. Vicente deita-se sob o tubo e começa a ver um mundo para fora da fábrica. Vicente vê o céu.

O breve diálogo que se segue à curiosa iniciativa de Vicente surpreende:

> – Vicente! Vicente!
> – Cala-te! Estou a ver luzes...
> – São as estrelas.
> (*O búzio*, 2009, 00: 02:42 – 00:02:49)

Vicente procura pelas luzes, encanta-se com elas, mas não reconhece as estrelas... Curiosamente, apesar de ser um menino-soldado e, por conta da própria dinâmica da guerra, permanecer muito tempo vagando pelas matas e estradas, Vicente não conhece ou não consegue identificar o céu estrelado. A partir dessa informação, podemos inferir que ao rapaz não só foi negada a casa, o abrigo, mas também o ambiente externo, a rua, em seu aspecto mais natural. O espaço por onde Vicente é obrigado a perambular pode ser, assim, comparado a uma prisão, donde não se podem ver as estrelas. Enfim, no horizonte da guerra existe, apenas, o inimigo; o céu, que deveria ser para todos, é negado ao guerrilheiro.

Fontes de luz, energias iluminantes no meio da escuridão, as estrelas atravessam a obscuridade e funcionam como "faróis projetados na noite do inconsciente" (CHEVALIER e GHEERBRANT, 2007, p. 404). A partir dessa ideia, percebemos o quanto Vicente procura uma saída para a sua realidade de caos e escuridão. A luz está ao lado da criatividade, da imaginação, da ludicidade. Nesse universo brevemente sob o seu comando, o jovem, finalmente, sorri, pois, ao ver as "luzes", parece ter suas esperanças renovadas, como ar fresco atravessando um ambiente asfixiante.

É importante ressaltar que o grande tubo através do qual Vicente pode ver as estrelas tem, como o próprio nome já indica, um formato circular. Nesse sentido, vale a pena refletir sobre a importância do círculo para diversas culturais primordiais, incluindo aí as africanas. O círculo evoca a constante caminhada para o conhecimento e o autoconhecimento; sugere, também, a ligação inquebrantável entre as várias fases da vida, incluindo a morte, a vida para além do corpo físico, promovendo o "eterno retorno" das relações entre presente, passado e futuro. Por outro lado, o círculo está diretamente ligado à convivência social e à aprendizagem. É em círculo que se fazem as refeições nas aldeias tradicionais, é em círculo que se ouvem as histórias. Enfim, é o círculo que estabelece as ligações entre o sujeito consigo mesmo, com a comunidade e com a divindade.

No filme, a forma como a câmera se posiciona faz com que, ao mesmo tempo em que Vicente olha para o exterior, esse exterior – a câmera, as estrelas, o espectador – , olhe para Vicente. A experiência do olhar torna-se, também, circular. O tubo de ar funciona como uma espécie de luneta para o menino-soldado, tal como serve de lupa para o espectador. Poderíamos inferir que Vicente vê a luz nas estrelas, enquanto as estrelas e também a câmera e o público vêem a luz em Vicente.

Essa capacidade de descobrir e inventar novos mundos aproxima ainda mais os dois rapazes reclusos na fábrica abandonada. Eusébio, ferido, revela, no entanto, uma dor mais profunda:

> – Sabes qual é a minha dor? Nunca vi o mar.
> – Levo-te lá.
> – Mas, primeiro, tens de me matar...
> – Já disse que não te mato!
> (O búzio, 2009, 00: 04:34 – 00:04:44)

Numa terra tão limitada, Eusébio anseia pelo mar. Por outro lado, o mundo "comandado" por Vicente não prevê impossibilidades. Daí, a tranquilidade da sua resposta. O jovem "carcereiro" torna-se, por alguns momentos, senhor dos destinos dos dois. Destino esse que inclui levar Eusébio ao mar e exclui, categoricamente, a possibilidade de matá-lo. Se, ao longo de décadas do século XX, o mar foi demonizado pelas artes moçambicanas, sobretudo a literária, visto como algoz, como o espaço do inimigo, o caminho para a entrada do invasor – ideia que atravessa os momentos de luta pela independência, em oposição à terra-Mãe, acolhedora, invadida e, agora defendida –, durante a guerra civil o mar será visto como uma saída possível para os vitimados pelas calamidades vividas numa terra morta.

O mar está ligado à gênese da vida e, no caso específico de nossa leitura sobre o filme de Sol de Carvalho, desafia a morte com o seu poder regenerador. Se a guerra presentifica uma espécie de caos que nada gera, o mar, por seu turno, como espaço de "nascimentos, transformações e renascimentos" (CHEVALIER e GHEERBRANT, 2007, p. 592), evoca uma experiência também caótica, porque instável, mas, nesse caso, prenhe de possibilidades. As águas salgadas e dinâmicas envolvem o indivíduo, desde os tempos mais remotos até os dias atuais, numa aura de renovação. Enfim, o mar, para Eusébio, assim como as estrelas para Vicente, descortina outros mundos possíveis; quiçá, a possibilidade de "morrer" nessa guerra e nascer outro. Importa lembrar que, em resposta às palavras de Vicente, ao afirmar que o levará para ver o mar, o prisioneiro responde: "Mas, primeiro, tens que me matar".

Mais adiante, perambulando pela fábrica, Vicente encontra uma peça de ferro, em formato de cuia, peça essa que se desprendera da ferramenta maior caída do teto da fábrica no início do filme.

Após examinar a pequena peça, o jovem guerrilheiro decide levá-la até Eusébio:

> – Trouxe uma coisa para tu ouvires o mar. É um búzio.
> – Lá no mar fazem-se amigos?
> – Claro. No mar as pessoas têm que se ajudar...
> – Nice! O mar...
> (*O búzio*, 2009, 00: 04:34 – 00:04:44)

A sensibilidade de Vicente o leva a conceber uma realidade paralela capaz de afetar profundamente o amigo. A imaginação, a experiência lúdica são fundamentais para transformar o lugar utópico num lugar possível. Essa não é, de certa forma, uma das frentes de atuação da arte, seja ela qual for? Brincar de construir realidades para além do real imediato? Vicente está longe de ser um guerrilheiro. A guerra não o define. Ele é, de fato, um artista, um criador.

Eusébio "ouve" o mar e se emociona; nós, espectadores – cheios de expectativas – também o ouvimos. Assim como as luzes das estrelas, o som marítimo surge como sopro de vida e esperança em meio à escuridão da fábrica:

Como que inebriado pelo som do mar, Eusébio adormece. Vicente decide continuar descobrindo a fábrica e se embrenha na escuridão, transitando por entre as ferramentas silenciadas, e alcança o pavimento superior. É quando o grupo de guerrilheiros retorna ao esconderijo. Vicente decide esconder-se do grupo. É então que ouve uma voz, na verdade, uma espécie de assobio vindo do interior de uma grande peça circular, de ferro, cujo formato assemelha-se ao de um megafone. A voz é iluminada por um clarão, tal como uma lanterna.

Ao deparar-se frente a frente com o seu interlocutor, a "voz da fábrica" inicia um intrigante diálogo:

– O que vais fazer?
– Quem é você?
– Eu habito aqui. Cortaram todos os meus braços. As vossas guerras estúpidas corroeram a paz. [Silêncio] Guerra... Paz... O que vais fazer?

(*O búzio*, 2009, 00: 06:45 – 00:07:18)

Tal como uma figura esfíngica, enigmática, cercada de mistérios e promotora de desafios, a voz da fábrica indaga sobre a atitude a ser tomada pelo menino. Vicente, curioso e desbravador, também a interpela ("Quem é você?"). Retomando as interpretações possíveis relativas ao círculo, sobretudo, no que se refere à representação da relação continuada entre o indivíduo e seu grupo social, inferimos que o "espírito da fábrica" atua, também, como a consciência do próprio jovem, frente àquela que será, possivelmente, a decisão mais importante da sua vida.

Enquanto isso, o Comandante, não encontrando Vicente, obriga Eusébio a seguir com o grupo para fora da fábrica, não sem antes deixar uma ameaça: "Quando o encontrarmos, tu é que o vais matar! Sacana!" (*O búzio*, 2009, 00: 07:30 – 00:07:46). Na sequência, somos levados pela câmera, em close, ao búzio deixado para trás pelo prisioneiro. Os sonhos de Eusébio perdem espaço para a guerra.

Enfim, o jovem soldado sai do seu esconderijo e, na curta caminhada, topa com o búzio deixado para trás. Não há mais dúvidas quanto ao destino a seguir. O búzio alcança a orelha, o mar se torna presente em som e a arma antes empunhada é lançada numa caçamba.

Na película de Sol de Carvalho, Vicente é, de fato, um vencedor. Sua vitória não se dá através das armas, mas sim através da imaginação e da fraternidade, da vontade de fazer irmãos. Vicente deserta e a fábrica desperta. Eros resistindo ao Caos.

Referências

BENJAMIN, Walter. *Origem do drama barroco alemão*. Trad. Sergio Paulo Rouanet. São Paulo: Brasiliense, 1984.

CHEVALIER, Jean e GHEERBRANT, Alain. *Dicionário de símbolos*. Trad. Vera da Costa e Silva. 21. ed. Rio de Janeiro: José Olympio, 2007.

KHOSA, Ungulani Ba Ka. *Os sobreviventes da noite*. Maputo: Texto Editores, 2008.

LIMA, Antônio José Araújo. *O lúdico em clássicos da filosofia*: uma análise em Platão, Aristóteles e Rousseau. Disponível em: <http://coral.ufsm.br/righi/EPE/TRABALHO_EV045_MD1_SA6_ID6556_16082015154402.pdf> Acesso em: 07 fev. 2018.

NOA, Francisco. "Literatura moçambicana: os trilhos e as margens". In: *Uns e outros na literatura moçambicana*: ensaios. São Paulo: Kapulana, 2017, p. 13-24.

O BÚZIO. Direção: Sol de Carvalho. 9 min. e 20 seg. Disponível em: <https://youtu.be/XSTdZWicTuo> Acesso em: 09 fev. 2018.

SECCO, Carmen Lucia Tindó (Org.). *Antologias do mar na poesia africana*. 3. v. Rio de Janeiro: Faculdade de Letras - UFRJ, 1996, v. 1, 1997 v. 2, 1999.

Políticas da amizade em *O búzio*, de Sol de Carvalho

Marlon Augusto Barbosa

> Os camaradas não disseram
> que havia uma guerra
> e era necessário
> trazer fogo e alimento.
> Sinto-me disperso,
> anterior a fronteiras [...].
>
> Carlos Drummond de Andrade

Há um princípio político e poético construído no curta-metragem *O búzio*, de Sol de Carvalho, que impõe alguns questionamentos importantes aos seus espectadores. Esse princípio parece se articular através de três eixos que nos ajudam a pensar uma fratura dentro dos limites impostos em uma situação de guerra, seja ela qual for: a amizade, a lei da escolha e o levante. Partindo dos escritos políticos de Maurice Blanchot e de algumas considerações de Georges Didi-Huberman sobre o "levante", a ideia, que começa a ser desenvolvida neste artigo, é pensar como esses elementos podem se entrelaçar e se articular poeticamente em prol de um questionamento político de um projeto revolucionário. Uma poética do político, mas também um político da poética (e aqui esse quiasmo é necessário) atravessa o filme de Sol de Carvalho. Procura-se, com esse texto, interrogar a partir do curta-metragem as contradições de uma guerra que talvez não sirva mais ao seu propósito, promovendo uma espécie de possibilidade de escolha para as gerações futuras. Algumas perguntas, longe de terem respostas imediatas, provocam nos espectadores do curta-metragem uma reflexão importante: como interrogar, a partir desse curta-metragem, as contradições de uma guerra? Como pensar um projeto revolucionário que se constrói a partir de inúmeras fraturas na sociedade? Como articular as questões coletivas e individuais que perpassam um "viver junto" em uma situação de conflito imanente?

Mas, antes de tentar elaborar algumas reflexões sobre essas perguntas, é preciso fazer uma análise detalhada da obra. Comecemos pelo espaço e pelo tempo em que se ambienta o curta-metragem. O espaço (em *O búzio*, o espaço, o tempo: o não lugar dentro do tempo): uma porta entreaberta marca o limite entre dois lugares: o dentro e o fora de uma fábrica (essa oficina irritada). Apesar de abandonada, a fábrica não parece inerte. No curta-metragem, os rangidos das velhas engrenagens da fábrica preenchem o silêncio das cenas. Como no romance *Terra sonâmbula*, do escritor moçambicano Mia Couto, no curta, a terra encontra-se submersa na inquietação da guerra, em estado de letargia permanente oriunda de um estado de exceção. O barulho da fábrica parece indicar uma dormência, isto é, trata-se de um espaço que parece figurar como uma terra sonâmbula, à qual fora negado o descanso pela constância da guerra. Assim, por exemplo, como Muidinga e Tuahir se refugiam nas ruínas de um machimbombo queimado no livro de Mia Couto, os dois personagens do filme de Sol de Carvalho vagam pelo galpão da fábrica até encontrarem a carcaça de um carro velho. Os cortes de cena no curta expandem a possibilidade de percepções sobre o espaço da fábrica. Talvez, por se tratar de uma serralheria, assim como a presença de carros abandonados, a pluralidade de elementos que compõem a cena permite que os cortes da câmera e a mudança da luz, que ocorre com o passar do dia, criem uma multiplicidade de espacializações dentro do espaço limitado da cena. O jogo do olhar com a câmera que registra o espaço confunde os olhos do espectador com elementos que remetem a uma floresta em alguns momentos ou a uma cidade abandonada em outros. Vicente explora a fábrica enquanto um amigo ferido permanece sentado dentro de um carro desmontado, sem as rodas. É curioso como aquilo que foi criado para se movimentar e levar de um lugar para o outro se encontra arruinado (apenas a sua carcaça sobrevive), isto é, sem a sua utilidade. Carro e fábrica: os objetos perdem as suas funções por causa da guerra. O curta parece ser justamente fundado sobre um princípio de imprecisão (fundado também na encruzilhada entre o "estar dormindo" e o "estar acordado"): embora saibamos, por exemplo, que se trata de uma fábrica, não sabemos em que local ela está localizada. O espaço ficcional e o tempo ficcional do curta-metragem amplificam a dimensão do acontecimento. Nesse sentido, temos que ter em mente que essas dimensões amplificadas assumem uma dupla potência: a primeira é referente aos cortes de cena que, como já apresentados, conferem esse estado dormente e mutante ao território. E, a segunda, presente em uma linguagem cinematográfica que não se pretende regional, possibilitando um olhar crítico que não se fecha em um tempo-espaço específicos.

Diante desse impasse temporal e espacial, nos surge outro problema: o curta-metragem traz referências que podem ser lidas historicamente – e aqui não poderíamos deixar de pensar as articulações entre história, memória e ficção, isto é: as guerras colonial e civil... Se por um lado, na guerra civil, o inimigo vem de suas próprias terras, por outro, quando ouvimos a fala de um dos soldados – "o inimigo vem de fora" –, ressoa aos nossos ouvidos o próprio processo colonial. Os personagens vivem dentro da fábrica sob o regime de uma ameaça constante: "Mas e se eles vierem?". Há uma espécie de conteúdo latente nessa pergunta: as forças estrangeiras que historicamente penetraram o continente africano. Os conflitos começaram justamente porque eles vieram de fora. Ao mesmo tempo, no curta-metragem, me parece que, agora, os de dentro também podem ser considerados os de fora. Um mesmo clima de ameaça cruza dois tempos históricos. Lutar contra o seu amigo/irmão. Assim, a fábrica seria apenas um microcosmo e a história de Vicente uma alegoria que reúne as muitas guerras do passado e os impasses do presente.

No início do curta-metragem, nós observamos uma espécie de guincho que se move de um lado para o outro como se fosse um pêndulo. Poderíamos lê-lo como o ponteiro de um relógio. A questão permanece: qual é o tempo ou quais são os tempos que estão sendo trabalhos em *O búzio*? É como se fosse preciso suspender a cena da guerra para narrar uma história. No entanto, não podemos simplesmente acreditar em uma suspensão dessa cena: é possível ouvir o barulho da guerra. Esse barulho invade o interior da fábrica e deixa em alerta os personagens que habitam o seu interior. Essa fábrica que se assemelha a uma caverna: a fábrica onde se encena (como uma espécie de teatro de sombras) os conflitos da própria guerra. É curioso como poderíamos retomar as considerações de Theodor Adorno em "Posição do narrador no romance contemporâneo", no momento em que ele entrelaça romance e cinema: "[...] no romance tradicional [...] o leitor é ora deixado do lado de fora, ora guiado pelo comentário até o palco, os bastidores e a casa de máquinas" (ADORNO, 2003, p. 61). Entrar no interior de uma fábrica, se nós quisermos falar com Adorno, nessa casa das máquinas. O curta-metragem de Sol de Carvalho se torna um grande palco teatral em que podemos enxergar o funcionamento (a lei que rege esse funcionamento) de uma fábrica em ruínas. Mas que tipo de bastidores está sendo encenado?

A narrativa do curta-metragem gira em torno da história desse menino chamado Vicente. Um grupo de soldados entra em uma fábrica abandonada, em ruínas. Um desses soldados está ferido. O capitão desse grupo de soldados diz para Vicente que, se o inimigo invadir o interior da fábrica, ele precisa matar o amigo que está ferido na perna. O motivo parece ser simples: o amigo não pode cair nas mãos do inimigo. Há algo que passa despercebido pelos nossos olhos: Vicente recebe uma ordem do capitão: "Tens de matá-lo". Não se trata, como podemos ver, de uma questão de escolha – é o imperativo que atravessa essa a fala do capitão, a autoridade do grupo – a lei está em suas palavras. No entanto, essa ordem assume uma dimensão de escolha quando Vicente constantemente interroga o capitão e afirma para o amigo que não vai matá-lo. Quando faz isso, Vicente põe em jogo uma cena de amizade. Ele diz para o capitão "Não quero matá-lo. Ele é meu amigo". Vicente reinventa uma lei: ele contrapõe a lei da amizade à lei da guerra. Pôr em desordem a ordem do capitão – é isso, talvez, sem que ele saiba, que está por trás de seu discurso. Criar um curto-circuito na lei através de uma afirmação. Vicente afirma: "É meu amigo". É curioso como esse personagem cria uma inversão discursiva: a sua contestação não é da ordem do "por que fazer isso?". Para Vicente, o outro personagem não é qualquer soldado. Há uma espécie de aproximação, comunhão entre os dois. Assim, Vicente se *a*levanta mais que o discurso do capitão. Pela ideia da amizade (de uma coletividade), ele:

> [...] enfrenta o mundo, mas esse enfrentamento não se sustenta numa pura decisão da vontade, senão no descobrimento de um limite que ganha sentido, inclusive o sentido absoluto de um tudo ou nada porque é compartilhado. Por isso, a revolta não depende de "querer se rebelar". Quantas vezes queremos nos rebelar e não podemos. Só conseguimos nos indignar. A revolta é um sentimento que, ao mesmo tempo, depende de nós e nos atravessa. (GARCÉS, 2011, s/p).

Se por um lado Vicente é atravessado pelo sentimento da angústia e da recusa, o seu amigo constantemente, ao contrário, aceita a ordem que foi dada. Ele afirma: "Tens de me matar". Nessas palavras há a força de uma lei que não pode ser contestada e que foi assimilada pelo sujeito. O soldado, depois de ferido – esse peso que atrapalha a sobrevivência dos outros, a sobrevivência de uma comunidade – não tem dúvida diante da lei: ele sabe que ela garante a sua morte. Difícil acreditar nessa que é a única garantia: guardar a todo custo os segredos de uma base militar. Esse é o único destino que lhe cabe quando a lei está dada. No entanto, não cabe a ele, o soldado, tirar a própria vida, mas ao seu amigo, porque na morte do outro, na tentativa de salvar o coletivo, é possível reconhecer a lealdade de um soldado. De que é capaz um soldado pelo seu ideal? Cabe a Vicente, e somente a ele, cumprir a lei. A lei é formulada como uma partilha comum. O comum é seguir as ordens. Não poderíamos esquecer aqui das considerações de Hannah Arendt em *Um relato sobre a banalidade do mal*. A partir das suas considerações, podemos observar a sobreposição entre a fábrica e o personagem do curta. A inquietação de Hannah Arendt para com a impessoalidade do sujeito referente às consequências de seus atos parecem ressoar aqui. Obedecer à ordem, sem questioná-la, torna Vicente apenas mais uma engrenagem da máquina (fábrica), na manutenção da história. Tomar a consciência da consequência de suas escolhas, de sua subjetividade frente ao coletivo, permite a Vicente optar por uma alternativa. O assassinato de um amigo, gesto já banalizado pela lei da guerra, é o ponto de tensão limite para Vicente pensar suas ações. O amigo diz: "Respeita a vontade do comandante!" e para nós é como se estivesse dizendo: "Obedece à lei".

Vai ser a partir dessa cena particular que o autor vai resgatar um drama da guerra civil e escrever a história a contrapelo. No processo revolucionário, as instituições dos antigos donos do poder são herdadas pelos novos poderes. Como afirma Benedict Anderson: "Tal como a complexa rede elétrica de uma grande mansão depois que o dono vai embora, o Estado espera que o novo dono ligue os interruptores para voltar a funcionar como antigo brilho" (ANDERSON, 2008, p. 222). Apresar de podermos questionar em que estado se encontra essa mansão, não podemos deixar de considerar a permanência de uma lei que se coloca sobre a nova sociedade. O curta nos possibilita questionar até que ponto essa lei se justifica. Os estudos de Frantz Fanon em *Os condenados da terra* nos recordam da potência construtiva da guerra anticolonial, responsável por liquidar o sujeito colonizado e fundar uma nova humanidade. Porém, os impasses e limites da guerra (também alimentada pelas novas forças estrangeiras no tempo "pós-colonial"), são apresentadas no curta pelo posicionamento da personagem em conflito com a obrigação de matar seu amigo. O trabalho de Walter Benjamin chama nossa atenção para o discurso historicista que se fecha na manutenção do discurso do vencedor, inerente à escravidão de seus contemporâneos (BENJAMIN, 2016, p. 13). Em contraposição ao progresso, o curta aproxima-se do processo ao qual Benjamin se referiu como escovar a história a contrapelo. Frente à manutenção da lei da guerra, Vicente instaura sua própria lei. A linguagem cinematográfica presente em *O búzio* brinca com esses processos históricos tanto com a imprecisão do tempo, quanto pela figura da fábrica que, sonâmbula sob a ação dos guerrilheiros, responde a Vicente se religando no final. Trapacear com a História. Sol de Carvalho parece fundar uma questão histórica sem espaço e tempo. "Trapaça salutar" (BARTHES, 1998, p. 16), pois, no interior da ficção, nós, os espectadores, encontramos a denúncia de uma realidade que precisa assumir novas ficções para sobreviver.

Trata-se então de uma ruptura. Ruptura já anunciada. Logo no início do curta-metragem de Sol de Carvalho encontramos a peça de uma máquina que se solta e rola pelo chão da fábrica. Se aqui pudermos ler a fábrica como um microcosmo para uma nação (mas para qual nação?), essa peça solta, esse soldado que não obedece às ordens parece não estar comprometido com o ideal de nação pelo qual aquele grupo a que ele pertence está lutando. Uma peça solta impede o funcionamento dessa fábrica/nação. Quantas máquinas movimentam uma fábrica? Mas há uma pergunta mais interessante: o que se fabricava nessa fábrica? O que se fabrica nesse filme/fábrica? Essa engrenagem solta vai incidir sobre a imagem do próprio personagem. Vicente tal como esse "objeto" é uma peça solta da fábrica. Vicente, objeto dentro de uma guerra, se torna sujeito quando deixa de fazer parte de um tipo de funcionamento. Através dele podemos ouvir um eco: a passagem de soldado/objeto para a constituição de um sujeito. Eu arriscaria dizer que se trata, antes de qualquer coisa, de um curta-metragem de formação: formação de um sujeito. Vicente dá o búzio para que o amigo escute. Ao mesmo tempo, ele quer ser escutado: "Não quero matá-lo". O amigo ainda pergunta: "Lá no mar fazem-se amigos?". São duas peças soltas: o rapaz ferido que precisa ser dispensado e Vicente que não quer dispensar o amigo e se torna, portanto, dispensável – precisa ser morto por não servir mais a um ideal. Um dos narradores de Clarice Lispector vai dizer o mesmo da personagem Macabéa – da retirante, dessa mulher que parece não pertencer a lugar algum: "Nem se dava conta de que vivia numa sociedade técnica onde ela era um parafuso dispensável" (LISPECTOR, 2017, p. 62).

Quando voltamos os nossos olhos para as perguntas que foram feitas no início deste artigo após essas considerações, parece existir em comum entre todas elas uma questão de *partilha*. A palavra "partilha" não é utilizada aqui de forma arbitrária. Em *O búzio*, a ideia de uma comunidade está no cerne dessas questões: uma comunidade que foi, uma comunidade que está instaurada e o desejo de uma comunidade por vir. Para pensar esses três tempos que se inscrevem juntos no curta-metragem, de Sol de Carvalho, não podemos esquecer que Jacques Rancière elabora um vasto estudo sobre o conceito de partilha para nos dizer que há no mínimo dois sentidos que podemos explorar a partir dele: "Partilha significa duas coisas: a participação em um conjunto comum e, inversamente, a separação, a distribuição dos quinhões" (RANCIÈRE, 1995, p. 7).

Uma visita recente à exposição intitulada *Levantes*, organizada pelo filósofo e historiador da arte Georges Didi-Huberman, no SESC Pinheiros, em São Paulo, me ajuda a pensar um pouco mais sobre a questão da partilha. Na exposição, um pequeno material é entregue aos visitantes. Nele, podemos encontrar um fragmento em que Georges Didi-Huberman escreve sobre um desejo coletivo e indestrutível que se torna um desejo de vida:

> O levante afigura-se [...] como um ato de resistência ao desânimo e ao caos, que diferentemente de uma revolução, da qual se espera o êxito para alcançar o "poder político", terá geralmente como resultado o fracasso e as lágrimas. Ainda assim, mesmo sem êxito, os levantes nunca cessam, porque advêm de uma "potência" de forças involuntárias [...] mas a potência de um desejo coletivo e indestrutível, um desejo de vida. (DIDI-HUBERMAN, 2017, p. 10)

Vicente parece acreditar em outro caminho. Assim, ele estabelece um gesto de levante. Segundo Georges Didi-Huberman, "[...] no gesto do levante, cada corpo protesta por meio de todos os seus membros, cada boca se abre e exclama o não da recusa e o sim do desejo" (DIDI-HUBERMAN, p. 15). Mas não se trata de qualquer desejo: é o desejo pela vida, por uma pulsão de vida. O levante de Vicente ressuscita a fábrica. O seu desejo é fundado na ordem da amizade, e também, e sobretudo, no horizonte da vida. "Deve-se, no entanto, entender com isso que o desejo contrário – a sobrevivência do desejo nesse espaço concebido para neutralizá-lo – ganha todo o sentido a partir da palavra levante e do gesto que ela pressupõe" (DIDI-HUBERMAN, p. 16). Uma revolta pessoal o empurra a dizer "não". O personagem se situa no plano horizontal de um nós (GARCÉS, 2011). Assim, o personagem de Vicente não cede às leis de uma máquina de guerra. Quando ele perde a sua utilidade tal como aquela peça solta, paradoxalmente, ele se torna fundamental e a fábrica volta a funcionar. Por não ceder, Vicente, talvez sem saber, se posiciona contra um projeto revolucionário. O seu gesto político está atrelado ao domínio da amizade. A lei da amizade – aquela que é do horizonte do compartilhável, do comum (e poderíamos dizer que a lei da amizade é fundada a partir de uma duplicidade: no reconhecimento do comum e na aceitação do diferente) – se opõe à lei da guerra: aquela que só reconhece o comum e nega o diferente. É por isso que me parece existir um trabalho poético e político em torno desse "não". Um trabalho, sobretudo, de escuta (a poesia é pensada como escuta e endereçamento por Jacques Derrida. Ver o texto "Che cos'é la poesia?").

Uma política e poética do negativo: esse "não", embora seja uma palavra quase não dita, permeia o discurso e os gestos do personagem.

Vicente é essa criança sem família – sem origem ou genealogia (Vicente afirma durante o curta-metragem que não tem família. Ele é figuração de um órfão: não apenas órfão de uma família, mas, talvez, também de uma nação, ou de um projeto de nação. Ambos os personagens se apresentam como crianças-soldado, já nascidas no tempo da guerra e forçadas a lutar, tendo os familiares mortos pela fatalidade dos conflitos ou pelas suas próprias mãos). Vicente vê em seu amigo a marca de um comum, encontramos a força de um "não" que deseja ser compartilhado; uma partilha que deseja romper uma lei dominante. No entanto, esse levante – essa revolta individual que ocorre no interior de uma comunidade de soldados – parece não tocar nenhum dos companheiros de Vicente: "*Sinto-me disperso (separado), / anterior a fronteiras*" (DRUMMOND, 2002, p. 154). Vicente se converte em um arco tendido "que suporta", que "luta" pelo simples gesto de recusa (GARCÉS, 2011).

Em uma das partes do curta-metragem, Vicente entra na escuridão e se deita. Um buraco nas entranhas da fábrica se torna uma grande luneta – esse instrumento que possibilita um olhar enquadrado e mais preciso sobre um objeto. A visão parece dupla, já que, ao mesmo tempo, o curta-metragem funciona para nós como uma luneta dos acontecimentos do interior daquela fábrica. Georges Didi-Huberman vai dizer que "a arte não só tem uma história, mas frequentemente se apresenta como o 'o próprio olho' da história" (DIDI-HUBERMAN, 2017, p. 14). Temos uma cena enquadrada. Deitado, Vicente olha para o céu até que é interrompido pelo seu amigo. O menino afirma "Estou a ver luzes", e o amigo responde: "Quero fumar". Um movimento metafórico – que aqui pode ser pensado como uma montagem poética por associação – se estabelece. Poderíamos arriscar e dizer que há uma poética do político que se instaura a partir dessas duas falas: do céu para o chão, do alto para o baixo. Essa construção se dá através de um corte – Drummond já teria dito: "o sucedâneo das estrelas na mão" (DRUMMOND, 2002, p. 161)] –, um corte imagético: a câmera não abandona Vicente, ele permanece como primeiro plano. Mais atrás está o seu amigo – aquele que, distante dos nossos olhos, interrompe um olhar que se eleva aos céus. No entanto, o pedido do amigo, embora interrompa a ação desse olhar, faz com que Vicente retire os seus olhos do céu para olhar para a pequena chama do cigarro. Inscrição de uma estrela na escuridão da fábrica, na mão de um soldado.

A indestrutibilidade do desejo é algo que nos faria, em plena escuridão, buscar *uma luz apesar de tudo*, por mais fraca que fosse. Para quem está perdido numa floresta em plena noite, a luz de uma estrela distante, de uma vela por trás de uma janela ou de um vaga-lume bem perto é incrivelmente bem-vinda. (DIDI-HUBERMAN, 2017, p. 15).

Vicente: essa luz bem-vinda.

Voltar os olhos para as ruínas: narrar não os grandes acontecimentos da guerra (aquilo que modificaria os rumos dela), mas a insignificância de um gesto. Não se trata de um curta-metragem que se constrói como propaganda do poder. O político se torna poético e o poético se torna político justamente para nos mostrar as contradições, os traumas e as fissuras de uma guerra. Uma ética se instaura no momento em que Vicente diz não. E esse não só poderia vir da boca de uma criança – figuração dessa nova geração que surge e se alevanta. A máquina interroga: "Guerra? Paz? O que vais fazer?". O menino abandona a arma e carrega apenas o búzio. Vicente entra na escuridão, desaparece. Com a escolha do menino, a fábrica, mesmo sem sua peça, volta a funcionar. Assim, Vicente se eleva. Seu discurso é como um apelo a uma nova ordem de mundo: cósmica, poética e política. Em *O búzio*, a história de um menino se transforma em levante no interior de uma guerra. Foi preciso romper. "Romper é um movimento comum imprescindível para homens e mulheres que ainda não estão juntos, porém que já estão unidos pela amizade de um 'Não' certeiro, inquebrantável, rigoroso, que lhes mantém unidos e solidários" (GARCÉS, 2011, s/p). O "não" se torna o melhor caminho "para desejar, [para] se dirigir ao outro, atravessar as trevas, ultrapassar a muralha". (DIDI-HUBERMAN, 2017, p. 15).

Referências

ADORNO, Theodor. "Posição do narrador no romance contemporâneo". In: *Notas de literatura I*. Trad. Jorge de Almeida. São Paulo: Editora 34, 2003.

ANDERSON, Benedict. *Comunidades imaginadas*: reflexões sobre a origem e a difusão do nacionalismo. Trad. Denise Bottman. São Paulo: Companhia das Letras, 2008.

ARENDT, Hannah. *Eichmann em Jerusalém, um relato sobre a banalidade do mal*. Trad. José Rubens Siqueira. São Paulo: Companhia das Letras, 1999.

BARTHES, Roland. *Aula*. Trad. Leyla Perrone-Moisés. São Paulo: Cultrix, 1998.

BENJAMIN, Walter. *O anjo da história*. Trad. João Barrento. Belo Horizonte: Autêntica Editora, 2016.

BLANCHOT, Maurice. *Écrits politiques 1958-1993*. Paris: Lignes e Manifestes, 2003.

DERRIDA, Jacques. "Che cos'è la poesia?". Trad.Tatiana Rios e Marcos Siscar. In: *Inimigo rumor*. Rio de Janeiro, n. 10, p. 114, 2001.

DIDI-HUBERMAN, Georges (Org.). *Levantes*. Trad. Edgard de Assis Carvalho, Eric Roland Rene Heneault, Jorge Bastos, Mariza Perassi Bosco. São Paulo: Edições SESC, 2017.

DRUMMOND, Carlos de Andrade. *Antologia poética*. Rio de Janeiro: Record, 2002.

FANON, Frantz. *Os condenados da terra*. Trad. Enilce Albergaria Rocha; Lucy Magalhães. Juiz de Fora: Editora UFJF, 2005.

GARCÉS, Marina. "A força anônima do repúdio: Escritos políticos de Maurice Blanchot". Revista *Polichinello*. 2011. Disponível em: <https://goo.gl/8oXi8a> Acesso em: 10 dez. 2017.

LISPECTOR, Clarice. *A hora da estrela*. Rio de Janeiro: Rocco, 2017.

O BÚZIO. Curta-metragem. Direção: Sol de Carvalho. Argumento: António Cabrita, 2009.

RANCIÈRE, Jacques. *Políticas da escrita*. Trad. Raquel Ramalhete, Laís Eleonora Vilanova et al. Rio de Janeiro: Editora 34, 1995.

A árvore dos antepassados, de Licínio Azevedo:
cinema, documentário e política

Maria Geralda de Miranda

> Eu não faço filmes políticos. Não tenho culpa se tudo é político.
>
> Licínio Azevedo

Introdução

Vários estudiosos já observaram que o cinema ao longo de sua história tem-se caracterizado como uma experiência não apenas estética, mas, sobretudo, política. Licínio Azevedo, mesmo afirmando que não faz filmes políticos, sabe que o faz, porque, como ele afirmou em entrevista à Mariana Pereira, "tudo é político" (AZEVEDO. In: PEREIRA, 2017).

Este ensaio sobre o documentário *A árvore dos antepassados*, realizado por Licínio Azevedo, em 1994 (já bastante estudado por vários autores, de diferentes áreas do conhecimento), busca refletir acerca do modo pelo qual o sagrado deve ser considerado também uma questão política da maior importância, sobretudo em contextos políticos em que se impõe a defesa de culturas e povos dominados. É por meio de suas "câmeras observadoras" que o cineasta acaba "defendendo" essas ideias em sua obra.

Inicialmente serão levantadas algumas reflexões a partir de Bill Nichols (2013) e de Manuela Penafria (1999) sobre o cinema documentário, sua relevância e "intervenção política"; posteriormente, serão discutidas questões relativas à tradição religiosa bantu (também chamada de animismo), presente no documentário, metaforizada na árvore dos antepassados, espécie de "monumento sagrado", por meio do qual se faz a comunicação entre os mundos dos vivos e o mundo espiritual. E, por fim, a relação entre a política e as tradições, com destaque para as representações do sagrado, sobretudo em espaços colonizados e dominados por séculos, como os países periféricos[1], no caso particular deste ensaio, Moçambique.

O cinema documentário

Os estudos de Nichols (2013) acerca do gênero documentário classificam os filmes em dois tipos: o primeiro voltado para a "satisfação e o desejo", os de ficção, e o segundo de "representação social", os não ficcionais. Tal classificação é válida para iniciar a reflexão sobre *A árvore dos antepassados*, de Licínio Azevedo, que é um documentário que se amolda ao segundo tipo. Conforme Nichols, os filmes de representação social mostram de forma "tangível aspectos de um mundo que já ocupamos e compartilhamos"; eles tornam "visível e audível, de maneira distinta, a matéria de que é feita a realidade social, de acordo com a seleção e a organização realizadas pelo cineasta" (2013, p. 26).

O autor também pontua que os documentários de representação social transmitem "verdades", todavia é importante avaliar suas reivindicações e afirmações, seus pontos de vista e argumentos relativos ao mundo como o conhecemos, e decidir se merecem que acreditemos neles. Tais documentários contam histórias ou argumentos, evocações ou descrições, que nos permitem ver o mundo de uma nova maneira.

A capacidade da imagem fotográfica de reproduzir a aparência do que está diante da câmera "nos compele a acreditar que a imagem seja a própria realidade reapresentada diante de nós" (NICHOLS, 2013, p. 28), ao mesmo tempo em que a história ou o argumento apresenta uma maneira distinta de observar essa realidade. Diz o autor: "talvez estejamos familiarizados com os problemas da redução de pessoal nas empresas, das linhas de produção globalizadas e do fechamento de indústrias, mas o

---

[1] A expansão colonial, iniciada no final do século XV, com as grandes navegações e o "descobrimento" das Américas, posteriormente incrementada com o neocolonialismo do final do século XIX, que promoveu a repartição da África e da Ásia, é vista como condição *sine qua non* para a existência e a manutenção do capitalismo industrial. Por outro lado, a extinção do colonialismo histórico-político nas Américas, com a construção de nações independentes no século XIX, bem como na África e Ásia, por intermédio da descolonização em meados do século XX, não foi condição necessária e suficiente para a emancipação político-econômica dos países periféricos. Assim, a acumulação primitiva colonial, longe de ser uma pré-condição do desenvolvimento capitalista, foi um elemento indispensável de sua dinâmica interna e posterior continuidade (CORONIL, 2000; ASSIS, 2014).

documentário *Roger e eu*[2], de 1989, de Michael Moore, oferece-nos um ponto de vista novo e particular sobre esses problemas" (NICHOLS, 2013, p. 28).

É igualmente interessante observar que os documentários sociais também significam ou representam os interesses de outros. A democracia representativa[3], ao contrário da democracia participativa, funda-se em indivíduos eleitos que representam os interesses de seu eleitorado. Os documentaristas muitas vezes assumem o papel de representantes do público. Eles falam em favor dos interesses de outros, tanto dos sujeitos que são tema de seus filmes quanto da instituição ou agência que patrocina sua atividade cinematográfica.

Nichols também argumenta que os documentários sociais podem representar o mundo da mesma "forma que um advogado representa os interesses de um cliente: colocam diante de nós a defesa de um determinado ponto de vista ou uma determinada interpretação das provas" (2013, p. 30). Nesse sentido, os documentários "não defendem simplesmente os outros, representando-os de maneira que eles próprios não poderiam; os documentários intervêm mais ativamente, afirmam qual é a natureza de um assunto, para conquistar consentimento ou influenciar opiniões" (2013, p. 30).

Por seu turno, Penafria (1999, p. 8) pontua que o documentário ocupa uma posição ambígua e polêmica na história, teoria e crítica do cinema, pois, se por um lado, recorre a procedimentos próprios do cinema (escolha de planos, preocupações estéticas de enquadramento, iluminação, montagem, separação das fases de pré-produção, produção, pós-produção etc), por outro exige um determinado conjunto de convenções: não direção de atores, uso de cenários naturais, imagens de arquivo, câmera ao ombro etc. Estes recursos, em tese, são os que garantem a autenticidade da representação. Pontua a autora: "Ora, estes recursos que lhe são próprios não lhe são exclusivos. Nada impede que um realizador de ficção os utilize" (PENAFRIA, 1999, p. 8).

Penafria (1999) também partilha a ideia de que o documentário exige que as imagens e sons sejam obtidos nos locais onde as pessoas vivem, onde os

---

[2] Trata-se de documentário sobre os planos da General Motors (GM) em fechar a sua fábrica na cidade natal de Michael Moore, Flint, Estado do Michigan, onde ali estava e permaneceu por décadas. A fábrica da GM, principal fonte de renda da comunidade, para economizar custos, desloca sua produção para uma outra fábrica no México, onde a mão de obra local é mais barata. Em meados da década de 80, o presidente da GM, Roger Smith, decidiu fechar as fábricas da empresa nos EUA, entre elas, o polo industrial na cidade de Flint. Seriam demitidos 30.000 empregados. Embora fosse uma empresa lucrativa, mesmo assim a GM decidiu transferir suas fábricas para o México, onde a mão-de-obra era mais barata. Com o lucro, a GM poderia investir em negócios ainda mais lucrativos, como a indústria de armas e empresas de alta tecnologia (MINARDI, 2007).

[3] Na democracia participativa, cada indivíduo participa ativamente das decisões políticas em vez de confiar num representante.

acontecimentos ocorrem e que as temáticas abordadas devam ser tratadas de maneira aprofundada, o que exige criação e elaboração a partir de determinado ponto de vista ou abordagem. E, ainda, que é preciso criatividade para que a sucessão e a sobreposição de imagens e sons apresentem não só o ponto de vista adotado, mas também que seja capaz de tornar o documentário um gênero atrativo (PENAFRIA, 1999, p. 9). Para a autora, o conceito de "ponto de vista" é essencial na produção e realização de documentários, principalmente, por causa da relação que se estabelece com os intervenientes do filme.

O documentarista percorre um caminho e o filme é o resultado desse caminho percorrido, que se partilha com os espectadores. Um documentário não é unidirecional, ou seja, é necessário que o documentarista esteja, constantemente, aberto para receber informações, que advêm dos intervenientes. Em razão disso, fazer um documentário implica estabelecer uma relação de compromisso e uma relação de confronto com a realidade. Uma relação de compromisso, porque é legítimo que os intervenientes tenham expectativas quanto à sua representação no ecrã (PENAFRIA, 2001, p. 7).

Apresentar "novos modos de ver o mundo ou de mostrar aquilo que, por qualquer dificuldade ou condicionalismos diversos, muitos não vêm ou lhes escapa é então a principal tarefa de um documentarista" (PENAFRIA, 2001, p. 7). Conforme a autora (2001, p. 7), estes muitos podem ser os espectadores ou os próprios intervenientes de um filme. O ponto de vista implica que o documentarista sinta necessidade em expressar algo pessoal; é precisamente sobre a visão pessoal que cada filme nos apresenta que a questão de sua relação do documentarista com os intervenientes do filme se coloca com mais pertinência.

Nichols (2013) também classifica o documentário em seis modos: poético, observativo, expositivo, participativo, reflexivo e performático[4] . Para os objetivos deste ensaio, focaremos principalmente no modo observativo,

---

[4] Poético: vanguarda modernista, explora associações e padrões de ritmos temporais e justaposições espaciais. Atores (documentais) não assumem forte personalidade. Pessoas iguais a objetos (Joris Ivens/Chuva / 1929). Expositivo: fragmentos do mundo histórico em estrutura retórica e argumentativa. Voz de Deus, ou orador visto e ouvido. Lógica informativa verbal (voz-*over*). Imagens têm papel secundário – ilustrações. Onisciência. Impressão de objetividade. Relação com o conhecimento. Exemplos: *Triunfo da Vontade*, de Leni Riefenstahl. Reflexivo: o que faz com que as pessoas tenham consciência do processo mais questionador: as questões são incorporadas no modo de filmar. Participativo: "estar presente", exige participação, situação se altera com a presença do cineasta. Cineasta torna-se ator social. A ética e a política do encontro.
Jean Rouch e Edgar Morin: cinema verdade, exemplo: *Crônica de um verão*. Performático: sublinha a complexidade de nosso conhecimento do mundo ao enfatizar as questões subjetivas e afetivas "nós falamos sobre nós para vocês", auto-etnografia (NICHOLS, 2013, pp. 135-177).

que é o mais praticado no documentário *A árvore dos antepassados*, de Licínio Azevedo, apesar do reconhecimento de que o cineasta tem desenvolvido uma estética bastante peculiar e que ele mesmo afirma em entrevista a Pereira e Cabecinhas (2016) que tal estética praticada em seus documentários também influencia os seus filmes de ficção.

Quanto aos modos de se realizar documentários, Nichols (2013, p. 146) salienta que, com frequência, os modos poético e expositivo sacrificavam o ato específico de filmar as pessoas, para construir padrões formais ou argumentos persuasivos. Os cineastas reuniam a matéria-prima necessária e com ela davam forma a uma reflexão, uma perspectiva ou um argumento. Mas, a partir da década de 1960, com o avanço das tecnologias[5], os cineastas passaram a observar o que se passava diante da câmera, sem uma intervenção explícita. Nichols pergunta: "Não seria essa uma nova e convincente forma de documentação?" (NICHOLS, 2013, p. 146). Apesar de ser uma pergunta retórica, acreditamos que sim.

O modo observativo, segundo o autor, propõe uma série de considerações éticas que incluem o ato de observar os outros, se ocupando de seus afazeres. Ele coloca o espectador numa posição necessariamente menos confortável do que o do filme de ficção, pois, neste, as cenas são arquitetadas para que vejamos e ouçamos tudo, ao passo que as cenas do documentário representam a experiência de pessoas reais que, por acaso, testemunhamos (NICHOLS, 2013, p. 148). Essa posição de ficar olhando "pelo buraco da fechadura" pode ser desconfortável, se o prazer de olhar tiver prioridade sobre a oportunidade de reconhecer aquele que é visto e de interagir com ele.

O desconforto pode ser ainda maior, ainda seguindo Nichols (2013), quando a pessoa não é uma atriz ou ator que concordou por vontade própria em ser observada desempenhando um papel numa ficção. A impressão de que o cineasta não está impondo um comportamento aos outros também suscita a questão da intromissão não admitida ou indireta. Há, ainda, a questão de o cineasta procurar certas pessoas para representar, porque elas possuem qualidades que podem fascinar os espectadores, não pelas razões que se deseja mostrar, mas por "razões erradas". Essa questão, bastante relevante, geralmente vem à tona no filme etnográfico,

---

[5] Os avanços tecnológicos no Canadá, na Europa e nos Estados Unidos, nos anos que se seguiram à Segunda Guerra Mundial, culminaram, aproximadamente em 1960, em várias câmeras de 16 mm, como Arriflex e Auricon, e em gravadores de áudio, como o Nagra, que podiam ser facilmente carregados por uma só pessoa. O discurso já podia ser sincronizado com as imagens, sem o uso de equipamento volumoso ou dos cabos que uniam gravadores e câmeras. A câmera e o gravador podiam mover-se livremente na cena e gravar as ações enquanto acontecian (NICHOLS, 2013, p. 146).

que observa, em outras culturas, comportamentos que podem, sem a contextualização adequada, parecer exóticos ou bizarros, como se fossem parte de um cinema atrasado (NICHOLS, 2013, p. 148).

O documentário *A árvore dos antepassados*

Interessa para este estudo, antes de relatar a observação de Licínio Azevedo, por meio de suas câmeras, o contexto em que o documentário *A árvore dos antepassados* foi realizado: o final dos conflitos bélicos que assolaram Moçambique, durante 15 anos de guerra civil. Como afirma Peter Fry (2000, p. 76), até o final da década de 80, a guerra tinha tomado conta de quase todas as zonas rurais de Moçambique. Somente as cidades e sedes dos distritos estavam nas mãos do governo e estas incharam com milhares de refugiados.

Também, segundo Fry, dezenas de milhares de pessoas foram mortas em combate, enquanto outras centenas de milhares morreram de fome e de doenças a esta associadas e cerca de 4 milhões de uma população de 15 milhões de indivíduos estavam refugiados nos países vizinhos. Uma grande parte da infraestrutura de transportes foi aniquilada, as escolas e as clínicas médicas nas zonas rurais foram quase todas destruídas e a renda nacional chegou a níveis mais baixos que antes da Independência (FRY, 2000, p. 76).

Em outubro de 1992, quando foi assinado o Acordo de Paz, realizado em Roma, entre a Frente de Libertação de Moçambique, FRELIMO, e a Resistência Nacional Moçambicana, RENAMO[6], o país buscava a paz esperada e o retorno dos refugiados[7].

---

[6] A RENAMO, seguindo Bamba e Meleiro (2012, p. 79), tinha como principal objetivo desestabilizar o governo da FRELIMO, sabotar a infraestrutura nacional, sobretudo os corredores estratégicos de transporte ferroviário e rodoviário, e enfraquecer o apoio da FRELIMO ao ANC (sigla em inglês do Congresso Nacional Africano que lutava contra o regime do *Apartheid*). Após o fim da guerra civil, a RENAMO consolidou-se como partido legítimo de oposição em nível nacional. Ainda em conformidade com os autores, essa guerra foi estimulada pela geopolítica neo/pós-colonial do *Apartheid* e da Guerra Fria na África austral e envolveu o serviço de inteligência rodesiano, ex-agentes da Polícia Internacional de Defesa do Estado-PIDE, e expatriados portugueses que fugiram de Moçambique, ex-guerrilheiros da FRELIMO e da África do Sul (BAMBA e MELEIRO, 2012, p. 79).

[7] No dia em que foi assinado o acordo de paz de Roma, em 4 de outubro de 1992, a guerra cessou por completo. Com o fim das hostilidades, o processo de reconciliação entre as partes foi rápido e bem-sucedido, surpreendendo até os mais otimistas. Milhares de refugiados retornaram para suas aldeias, a atividade econômica foi retomada, as missões católicas voltaram a funcionar e as igrejas protestantes começaram a proliferar (FRY, 2010, p. 76).

A guerra, segundo Chevalier e Gheerbrant (1982, p. 481), que, em face do sentimento geral, desde a Antiguidade, dos costumes contemporâneos e do aumento dos poderes de autodestruição, constitui a imagem da calamidade universal, do triunfo da força cega, tem, na verdade, um simbolismo muito importante. Às vezes, é para o restabelecimento da paz e da harmonia, tanto nos planos cósmico e social, quanto no plano espiritual. É a manifestação defensiva da vida.

No filme de Licínio, quando a guerra atingiu a província de Tete, em 1984, as pessoas, para defenderem a vida, saíram de suas casas em várias direções. Muitas sem destinos certos. Em muitos casos, não houve tempo para se despedirem da família ou amigos, nem cumprirem com as formalidades em relação aos seus antepassados (cultos aos mortos). Mas Alexandre Ferrão, membro de uma família extensa, como de costume na África, foi escolhido pelos tios para levar a família para o Malawi, seguindo a viagem com aqueles que aguentaram a longa caminhada por terra. Dez anos depois, com o fim da guerra, Ferrão decide que era o momento de regressar para que as pessoas pudessem se reconciliar com a árvore de seus antepassados.

O documentário *A árvore dos antepassados* narra o retorno de Alexandre Ferrão e de sua família (aproximadamente 15 integrantes) do Malawi à província fronteiriça de Tete, ao noroeste de Moçambique. Como bem relatam Bamba e Meleiro (2012, p. 83), é a história do retorno do grupo à terra ancestral, após 10 anos, e sua reconciliação com o passado. A família de Ferrão viaja com seus pertences, incluindo os seus animais de estimação, por muitos quilômetros a pé e, às vezes, de carona, "entre ruínas, sujeira, fezes, veículos queimados, tanques abandonados, e a ameaça de minas terrestres e cobras" (BAMBA e MELEIRO, 2012, p. 83). O filme documenta o cotidiano da família, observando as agruras da viagem: o momento das refeições, o acordar, o adormecer, a brincadeira das crianças, os banhos de rio, assim como ocasiões de tédio, fadiga e acessos de fome.

A família compartilha a experiência de refúgio por motivo de guerra e no retorno expressa suas esperanças e receios sobre o futuro e a subsistência. Entre os objetos que a família leva no retorno à terra natal há uma porta de madeira vermelha, objeto de valor material, pertencente a Ferrão, que era de sua casa no Malawi. A porta é perdida ao longo do caminho, causando grande confusão aos integrantes do grupo, uma vez que não poderiam chegar sem ela.

Pela modalidade do documentário, observativo, e não expositivo, a narrativa de Licínio se realiza por meio de suas câmeras e por meio da voz de Alexandre Ferrão (em *off*). Dessa maneira, ele vai contando a história, enquanto as imagens vão conduzindo as ações no filme. Ferrão é o líder designado pelos mais velhos do grupo na partida, para conduzir a família ao refúgio, e, como tal, faz anotações dos acontecimentos, em forma de diário, que incluem o registro de nascimentos e mortes relacionadas ao grupo, como uma "prestação de contas" por tão importante incumbência.

Alexandre escrevia o diário, o que prova que dominava a leitura e a escrita, habilidades que lhe permitiam ler as cartas e registrar as informações em relação aos mortos e aos nascidos para os familiares distantes. Em seu diário, Ferrão inclui meditações sobre o seu destino existencial, as quais são lidas em voz alta.

A observação do retorno da família, por meio de imagens das câmeras de Licínio, às vezes é acompanhada por uma trilha sonora com "músicas moçambicanas, com destaque para violões, baixo e instrumentos de percussão". Para Bamba e Meleiro (2012, p. 84), a trilha desempenha um papel diegético no filme, transmitindo uma sensação de movimento para a frente, na medida em que a família embarca na viagem de volta à casa, além de um sentimento de esperança com relação ao futuro para a família Ferrão, assim como para Moçambique. Há também um pequeno conjunto tocando instrumentos artesanais de corda e percussão, cujas letras das músicas, de acordo com Bamba e Meleiro (2012), expressam gratidão aos líderes dos antigos partidos beligerantes FRELIMO e RENAMO, por terem "libertado" o povo de Moçambique dos horrores da guerra.

A família de Ferrão, após longa observação da viagem pelas câmeras narradoras do cineasta, chega ao seu destino, e é recebida por todos os sobreviventes que ficaram no local com festa. Os parentes redescobrem uns aos outros após dez anos de separação. Em seguida, os refugiados que retornaram visitam os anciãos que estão de luto pela perda de um integrante da família. Há momentos difíceis no retorno, sobretudo quando são informados dos parentes que ficaram e faleceram (BAMBA e MELEIRO, 2012).

O retorno impõe a reocupação do lugar deixado, reconstrução das casas e das lavouras de subsistência. A cena final é a mais significativa da história, porque narra o encontro dos retornados com a árvore dos antepassados. Uma mulher mais velha, Maria, é a responsável pela intermediação no ritual entre vivos e os mortos. Ela vai até a árvore e oferece alimento (uma espécie de mingau) aos espíritos ancestrais.

Licínio em entrevista a Pereira e Cabecinhas (2016) disse que a reconciliação das pessoas com os seus antepassados é algo de muito respeito para ele, algo muito bonito. Em suas palavras:

> [p]rincipalmente porque não sou uma pessoa ligada à Igreja, mas sou, de certa maneira, religioso; a minha religião tem a ver com a natureza... com a alma humana, acho muito bonito o animismo, essa crença. (AZEVEDO. In: CABECINHAS e PEREIRA, 2016, p. 1037).

E continua:

> fiz um filme sobre isso *A árvore dos antepassados*, essa relação com os antepassados, o respeito pela tua Igreja, cada família tem a sua própria Igreja que é uma Árvore, onde faz homenagem aos antepassados, aos espíritos dos antepassados. (idem, ibidem).

Claro está que Licínio, com todo o respeito que tem para com a cultura tradicional africana, e com sua observação refletida, queria mostrar em seu documentário o contexto da guerra, mas principalmente e, sobretudo, focar uma questão fundamental da cultura dos familiares de Alexandre Ferrão (metáfora de tantas outras famílias) que, ao retornarem, buscaram imediatamente a reconciliação com a árvore dos antepassados. Essa árvore acolhedora (árvore-igreja, para Licínio) dos espíritos dos mortos do grupo estava esperando o retorno dos vivos, para as cerimônias de compartilhamento da comida.

O animismo, de fato, como bem salientou o cineasta, tem na natureza os seus altares e espíritos de devoção. Segundo Armelindo Bambi (2018), a natureza é vista com olhar religioso. Olha-se tudo e em tudo se vê Deus. A religião bantu é manifestamente animista. Por isso, não há templos de adoração, porque Deus está em tudo e em todos. Por considerarem os rios igualmente morada dos espíritos,

> evitam urinar em suas águas, bem como falar muito alto em suas margens, ou seja, os rios [8] possuem uma força mística e espiritual superior à humana. Por isso, todo rio tem um nome, e cada pessoa, individual ou coletivamente, vive em sintonia espiritual com determinados rios. (BAMBI, 2018, p. 2)

---

[8] Muitas são as entidades que protegem a mata e os animais, sendo chamados, genericamente, de "donos da mata". Esta função também é exercida pelo filho do soba, ou pelos donos dos animais. E ainda: cada espécie tem sua própria entidade protetora. Complementarmente, Bambi (2018) argumenta que, diferentes das religiões de povos de outros continentes, as dos povos africanos, em geral, se apresentam muito próximas da natureza e muito despojadas do ponto de vista material. São muito mais religiões da palavra, da experiência onírica (do sonho), do transe. Nesse sentido, são muito mais místicas e muito menos materialistas (BAMBI, 2018, p. 2).

Malandrinho, em amplo estudo sobre a religião bantu africana, observa que os "os mortos e os vivos entre si são unidos verticalmente e horizontalmente pela vida, realizando uma comunhão participante na mesma realidade que os solidariza" (MALANDRINHO, 2010, p. 57). E continua: "com os antepassados, o ser humano está ligado vitalmente através da solidariedade vertical, originária, sagrada e constante; com os membros vivos do grupo ele está ligado pelo mesmo sangue, sendo esta ligação chamada de solidariedade horizontal" (*idem, ibidem*). Cada membro é consciente que não vive uma vida egocentrada ou individualista, mas a vida em comunidade que se individualiza em cada novo ser. Cada grupo de parentesco é uma unidade de comunhão, uma comunidade solidária, socialmente eficaz, indestrutível e amparadora.

A solidariedade vertical:

> é a relação com os antepassados e descendentes que gera uma comunhão com a vida, a união vital em uma idêntica realidade. O laço de união vital não se rompe com a morte, permanecendo indissolúvel. Não existe separação entre os vivos e os mortos, havendo uma continuidade qualitativa vital. (MALANDRINHO, 2010, p. 57)

De modo que os mundos visíveis e invisíveis se encontram em comunhão, e na interação, pois o morto continua vivendo na sua descendência. A pessoa fica aniquilada quando rompe o laço vital com os antepassados ou com os outros membros da comunidade.

O grupo de Alexandre Ferrão, retornado do Malawi, de fato, tinha uma urgência em se comunicar com os antepassados, por meio da árvore, após 10 anos de distanciamento, para realizar a solidariedade vertical de que fala Malandrinho, pois o laço de união não se rompe com a morte. Esse episódio que dá nome ao documentário é que, conforme já dissemos, traz a discussão do respeito à cultura do outro, de maneira singular retratada pelas câmeras de Licínio Azevedo.

Política e tradição

A intenção política do governo da FRELIMO, a partir da Independência, em 1975, foi modernizar o país no espaço de dez anos. Isto seria feito mediante a nacionalização dos meios de produção e, nas áreas rurais de economia de subsistência, por meio da construção de "aldeias comunais"

(FRY, 2010, p. 76). Ao mesmo tempo, lançou-se uma acirrada campanha contra o capitalismo, o colonialismo e a "tradição". A ideologia e a prática da Frente de Libertação procuravam enfraquecer e mesmo solapar as instituições "tradicionais" no sentido de criar o "homem novo" em uma sociedade nova. Tiveram, contudo, pouco tempo para provar sua eficácia, pois, logo em seguida à Independência, a RENAMO iniciou uma brutal guerra de guerrilha contra o governo da FRELIMO (FRY, 2010, pp. 76-77).

Na verdade, as tradições permaneceram ligando as pessoas do grupo de Alexandre Ferrão e certamente todas as famílias que ficaram no meio da guerra e todas as que retornaram. A família de Ferrão deve ser vista como representação do que se realizou em termos de resistência do grupo ao que foi imposto ao povo autóctone, seja antes pelo colonizador, ou depois da independência, em 1975, pela FRELIMO, que, conforme Fry (2010), não teve tempo de implementar a sua política de gestão da terra. As câmeras de Licínio mostraram a tradição como política de resistência, como "cimento" da integração e compartilhamento de maneira explícita (no retorno, a obrigação com os mortos) e também de maneira implícita, uma vez que o povo de Ferrão ficou 10 anos afastado de Tete e não se desintegrou.

Foram as tradições que certamente mantiveram acesa a chama do retorno, após o final da guerra. A tradição, como explica Luvisotto (2010, p. 65), é um conjunto de sistemas simbólicos que são passados de geração a geração e que têm um caráter repetitivo. E deve ser vista como um campo que envolve um ritual e possui *status* de integridade e que dá conta dos inúmeros processos de simbolização no curso da história dos atores sociais (LUVIZOTTO, 2010, p. 65). Em suma, a tradição tem caráter normativo, relacionado aos processos interpretativos, por meio do qual o passado e o presente são conectados para ajustar o futuro.

Esse caráter normativo da tradição, ainda em sintonia com o pensamento de Luvisotto (2010, p. 66), é que organiza o mundo para o tempo futuro, que não é visto como algo distante e separado; "está diretamente ligado a uma linha contínua que envolve o passado e o presente. Essa linha é a tradição, que persiste e é (re)modelada e (re)inventada a cada geração". Assim, "pode-se dizer que não há um corte profundo, ruptura ou descontinuidade absoluta entre o passado, o presente e o futuro" (LUVIZOTTO, 2010, p. 66).

A compreensão do mundo é organizada pela tradição, pelo fato de ela ser fundamentada na religião e nos costumes.

> A ordem social baseada na tradição expressa a valorização da cultura oral, do passado e dos símbolos enquanto fatores que perpetuam a ex-

periência das gerações, e, nesse sentido, conhecer é ter habilidade para produzir algo e está ligado à técnica e à reprodução das condições do viver. (LUVIZOTTO, 2010, p. 66)

Alguns estudiosos, entre eles Weber (1994), vêem a tradição como uma das formas de dominação em uma sociedade. A crença na santidade das ordens e dos poderes existentes desde sempre, cujo conteúdo não se tem a possibilidade de alterar, funcionando como o elemento que une as ordens sociais. Weber, obviamente, não deixa de ter razão, mas no caso dos dominados, a tradição é a via pela qual se mantém a unidade do grupo, mesmo sendo uma unidade vigiada, manifestada de forma clandestina.

E é essa unidade que proporcionou o retorno da família de Alexandre a Tete e que mantém viva a tradição do culto aos espíritos em Moçambique e que mantém viva a tradição africana religiosa através dos grupos de africanos que vieram como escravos para o Brasil[9] e que também não eliminou a relação, que também se dá em forma de festejos, entre povos americanos como os astecas[10] . Neste aspecto, a ideia de Giddens sobre a tradição como "memória coletiva" (conceito de Maurice Halbwachs), que envolve um ritual, está mais de acordo com nossas formulações. Para o autor, a tradição está ligada ao que ele chamou de "noção formular de verdade e possui 'guardiães'" (GIDDENS, 1997, p. 81). Ao contrário do costume, tem uma força que combina conteúdo moral e emocional.

---

[9] O Candomblé é um exemplo de religião brasileira dos orixás e outras divindades africanas que se constituiu na Bahia no século XIX – e demais modalidades religiosas conhecidas pelas denominações regionais de xangô, em Pernambuco, tambor-de-mina, no Maranhão, e batuque, no Rio Grande do Sul. Estas tradições formavam, até meados do século XX, uma espécie de instituição de resistência cultural, primeiramente dos africanos, e depois dos afrodescendentes, resistência à escravidão e aos mecanismos de dominação da sociedade branca e cristã que marginalizou os negros e os mestiços, mesmo após a abolição da escravatura. Eram religiões de preservação do patrimônio étnico dos descendentes dos antigos escravos. Assim foram conhecidas e analisadas por Roger Bastide (1945, 1971, 1978) que, entretanto, já observava a presença de brancos no candomblé no final da década de 1940, antecipando a transformação do candomblé e congêneres em religiões de caráter universal (PRANDI, 2004, p. 223).

[10] De fato, a forma de celebrar o dia dos mortos encontra suas origens pré-hispânicas nas culturas indígenas. Há relatos de que os povos indígenas Astecas, Maias, Nahuatls e Totonecas praticavam o culto aos mortos. Os rituais que celebram a vida dos ancestrais se realizavam nestas civilizações pelo menos há três mil anos. Na era pré-hispânica era comum a prática de conservar os crânios como troféus e mostrá-los durante os rituais que celebravam a morte e o renascimento. A festa dos mortos era vinculada ao calendário agrícola pré-hispânico e realizada na época da colheita. Seria como o primeiro período de fartura, o primeiro banquete, depois da escassez dos meses anteriores. O catolicismo introduzido pelos espanhóis não mudou o passado pré-hispânico; ao contrário, fomentou a forma religiosa de culto indígena aos mortos, criando um sincretismo religioso (VILLASENOR e CONCONE, 2012, p. 39).

Licínio, mesmo realizando *A árvore dos antepassados* e tantos outros filmes com conteúdo político, como *O grande bazar, Comboio de sal e açúcar, Virgem Margarida*, entre outros, afirma que a política não lhe interessa mais:

> [a] política era uma coisa que me interessava muito, no passado; agora a política não me interessa absolutamente nada, o meu compromisso nem sequer é com o cinema, é com as pessoas, com a história das pessoas... (AZEVEDO. In: CABECINHAS; PEREIRA, 2016, p. 1037).

Mas a ação política tem exatamente o foco nas pessoas e só se realiza porque se importa e se interessa por elas; o cineasta, por meio de suas câmeras, sob sua observação, especialmente no documentário *A árvore dos antepassados*, mostra a política da tradição, expressando a ligação dos oprimidos, que, após a guerra, retornam ao seu local de origem, compelidos por um compromisso moral e emocional, como diria Giddens (1991), com os espíritos de seus antepassados.

A estética cinematográfica de Licínio (e não apenas a utilizada em documentários) é algo bastante consciente em seu fazer e está relacionada ao emprego dos aparatos técnicos, como o uso dos alcances da câmera na articulação dos planos para produzir efeitos de sentido nos espectadores, em razão do estado de espírito dos personagens. Citando o autor,

> a minha concepção de cinema é uma em que a câmera é um instrumento na ação... na narrativa, a câmera tem um papel a cumprir, não pode ser alguma coisa estática, os movimentos de câmera fazem a transição de uma cena para a outra... porque levam para estados de espírito das personagens... (AZEVEDO. In: CABECINHAS e PEREIRA, 2016, p. 1037)

O referido cineasta defende que a câmera sozinha pode fazer um filme, mesmo que não se tenha um roteiro (guião):

> não tenho nada contra a poesia, mas cinema não é poesia. Teatro é teatro, cinema é cinema... e quando querem, hoje, fazer filmes com planos fixos... Charlie Chaplin já fazia e muito melhor, numa época em que não havia tecnologia para fazer coisas diferentes. [...] com uma câmera na mão e uma ideia na cabeça... diziam no Cinema Novo Brasileiro [...] conta-se uma história... não é o que eu faço, claro, digo que acho mais positivo isso do que a câmera não ter função, ser uma máquina fotográfica. (AZEVEDO. In: CABECINHAS e PEREIRA, 2016, p. 1037)

Não restam dúvidas de que o estilo de direção de Licínio Azevedo conta, em grande parte, com uma "presença ausente", conforme teorizado por Nichols (2013) e observado por Bamba e Meleiro (2012). E, obviamente, isso, para além de uma estética, é também um posicionamento político, ao adotar uma ética para abordar e mostrar as pessoas retratadas no documentário. O trabalho narrativo feito pela câmera prescinde da presença percebida do diretor ou do narrador-condutor da história. Quem narra em *off* é o próprio personagem social, Alexandre Ferrão, que tem muitas funções no documentário, porque possui muitas funções e responsabilidades, como líder do grupo retornado.

Conforme argumentam Bamba e Meleiro, os documentários de Azevedo são, em grande parte, estruturados ao redor de um "princípio axiográfico" (NICHOLS, 1991, pp. 77-95), que pode ser definido como uma ética de representação, conhecida e vivenciada por meio da relação espacial entre a câmera e os sujeitos, refletida na proximidade física, deduzida pelo uso de *closes* de grande ângulo, assim como uma aceitação tácita, mútua, entre o cineasta e os sujeitos, os quais prevalecem em todos os seus filmes.

Azevedo, ao afirmar que seu "compromisso é com as pessoas, e não com o cinema", estampa a sua preocupação com o humano e, dessa forma, paradoxalmente, com a política e com o cinema, ao colocar em pauta, por meio de suas narrativas fílmicas, o debate político, cultural, social etc. Suas histórias contundentes mostram uma realidade moçambicana recriada, por meio de imagens, em que as tradições, sobretudo religiosas, são trazidas e misturadas à realidade social, quase sempre problemática em razão das dificuldades enfrentadas por um país que, após sair de sua condição de colônia portuguesa, por mais de quatro séculos, passa por uma guerra civil que atrasa o seu desenvolvimento como nação.

Tanto a simbologia da árvore, em cujo tronco a personagem feminina faz o culto aos antepassados, quanto a porta, que veio junto com o grupo de retornados merecem destaques na narrativa visual de Azevedo. A árvore é um símbolo difundido por todo o planeta. Chevalier e Gheerbrant apontam que ela aparece como símbolo do aspecto cíclico da evolução cósmica: morte e regeneração, "sobretudo as frondosas evocam um ciclo, pois se despojam e tornam a recobrir-se de folhas todos os anos" (CHEVALIER e GHEERBRANT, 1990, p. 84). Os autores afirmam ainda que a árvore põe em comunicação os três níveis do cosmos: o subterrâneo, através de suas raízes, sempre a explorar as profundezas; a superfície, através de seu tronco e de seus galhos inferiores; as alturas, por meio de seus galhos superiores e de seu cimo, atraídos pela luz do céu.

"Reúne todos os elementos: a água circula em sua seiva; a terra integra-se a seu corpo através das raízes; o ar lhe nutre as folhas; dela brota o fogo quando se esfregam seus galhos um contra o outro." (CHEVALIER e GHEERBRANT, 1990, p. 85).

Também a porta, em consonância com esses mesmos autores (*idem*, p. 734), simboliza o local de passagem entre dois estados e entre dois mundos, entre trevas, o tesouro e a pobreza extrema. A porta se abre sobre um mistério, mas ela tem um valor dinâmico, psicológico, pois não somente indica uma passagem, mas convida a atravessá-la. A passagem que ela convida é, na maioria das vezes, na acepção simbólica, do domínio profano ao domínio sagrado.

Ora, esses dois elementos juntos, no documentário de Azevedo, indicam a reconciliação com a árvore dos antepassados, com a reconstrução da vida material, mas também espiritual. A árvore, como símbolo de uma completude extrema, é a razão maior da volta, pois o grupo, ao se reconectar com a árvore, estaria reconectando com o sagrado. A porta também se abre para o mistério, mas tem um valor dinâmico; ela precisa ser atravessada para também haver a conexão com o sagrado. Em ambos os símbolos presentes no documentário, claro está que vida material e espiritual estão ligadas, assim como o mundo dos vivos e o mundo dos mortos.

Considerações finais

O filme documentário *A árvore dos antepassados* revela exatamente a tensão de um país dilacerado pela guerra, lutando para se conectar com suas origens que estão até hoje, e estavam à época do filme, muito além das imposições coloniais. A história de Moçambique deve ser entendida como uma história de resistência cultural, mesmo deixando de ser colônia portuguesa somente em 25 de junho de 1975.

Verifica-se, após leitura de entrevistas do autor, que o filme *A árvore dos antepassados* fundaria o que se pode considerar uma estética "azevediana" que, mesmo no âmbito do que é considerado documentário, utiliza métodos do cinema de ficção. Este e o cinema documental coexistem nos filmes de Licínio "com uma notável originalidade, que, em boa medida, assenta na importância de um olhar sobre as pessoas, as suas histórias e movimentos individuais no contexto da realidade moçambicana, dando-lhes, a elas, a voz." (COSTA, 2015, p. 3). O cineasta também, frequentemente, põe as pessoas para viverem as suas próprias "experiências, interpretando-se como 'personagens' face à câmara, num gesto que convoca a memória e propõe uma possibilidade de catarse" (COSTA, 2015, p. 3).

Como também observaram Bamba e Meleiro (2012), os documentários de Azevedo, talvez pela experiência colaborativa com Jean Rouch, seguem algumas das convenções do cinema *vérité*. A distância entre câmera e os sujeitos é uma delas e também a ausência de uma atuação dramatizada ou ensaiada pelos atores sociais. Os locais de filmagem são reais, autênticos, no sentido de respeitar a espacialidade da história e a presença de populares, pessoas do povo, sons naturais, uso de câmera portátil e pouca pós-produção. Também a montagem envolve cenas curtas, intercaladas pelo fio narrativo que retrata o cotidiano, "a paisagem, animais, instrumentos musicais tocados por pessoas locais, ou rituais de dança, que acrescentam textura ao mesmo tempo em que enriquecem e complementam a estória" (BAMBA e Meleiro, 2012, p. 85).

E foi assim em *A árvore dos antepassados*, quando, no decorrer das filmagens, o cineasta convidou as pessoas a se exprimirem do modo como entendessem em frente à câmera, numa "reinterpretação" do seu quotidiano, ensaiando aquela que é ainda hoje, como o próprio cineasta refere, a sua linguagem no cinema documental (COSTA, 2015, p. 3).

A árvore dos antepassados não é só uma contribuição de Azevedo para a cultura moçambicana, mas também para a política moçambicana, na medida em que seu conteúdo valoriza a paz, uma vez que a guerra é a forma de fazer política por meio da violência. O filme também se insere, de maneira profunda, em uma política cultural mais geral, ao mostrar as tradições bantu moçambicanas como valores positivos, como algo que deve ser respeitado, não sucubindo à pressão da globalização. Como diria Peter Fry (2010, p. 66), em um contexto em que "civilização" e "modernidade" são termos a serem evitados, suspeitos de carregarem etnocentrismos nocivos: "no mundo social dos agentes do 'desenvolvimento sustentável', o conceito de multiculturalismo reina como panaceia para a dramaticamente triste situação pós-colonial" (FRY, 2010, p. 66).

Referências

A ÁRVORE DOS ANTEPASSADOS. Dir. Licínio Azevedo. Moçambique; Reino Unido: Ébano Multimédia, 1994. 50 min.

ASSIS, Wendell Ficher Teixeira. "Do colonialismo à colonialidade: expropriação territorial na periferia do capitalismo". *Caderno CRH*. Salvador, v. 27, n. 72, p. 613-627, Set./Dez. 2014. Disponível em: <http://www.scielo.br/pdf/ccrh/v27n72/11.pdf> Acesso em: 19 abr. 2018.

AZEVEDO, Licínio. "Eu não faço filmes políticos. Não tenho culpa se tudo é político". Entrevista de Mariana Pereira a Licínio Azevedo. *Diário de Notícias*. Lisboa, 29 de setembro de 2017. Disponível em: <https://www.dn.pt/artes/interior/licinio-azevedo-eu-nao-faco-filmes-politicos-nao-tenho-culpa-se-tudo-e-politico-8805807.html> Acesso em: 4 maio 2018.

BAMBA, Mahomed; MELEIRO, Alessandra (organizadores). *Filmes da África e da diáspora*: objetos de discursos. Salvador: EDUFBA, 2012.

BAMBI, Ermelindo Francisco. O sagrado nas culturas bantu em Angola. Faculdade de Teologia de Petrópolis. Disponível em: <http://www.itf.org.br/o-sagrado-nas-culturas-bantu-em-angola.html> Acesso em: 18 fev. 2018.

CABECINHAS, Rosa; PEREIRA, Ana Cristina. "Um país sem imagem e um país sem memória...". Entrevista com Licínio Azevedo. *Estudos Ibero-Americanos*. Revista da PUCRS. Porto Alegre: v. 42, n. 3, p. 1026-1047, set./dez. 2016.

CHEVALIER, J; GHEERBRANT, A. *Dicionário de símbolos*. Rio de Janeiro: José Olímpio. 1990, p. 85.

CORONIL, Fernando. "Naturaleza del poscolonialismo: del eurocentrismo ao globocentrismo". In: LANDER, Edgar. (Org). *La colonialidad del saber*: eurocentrismo y ciencias sociales. Buenos Aires: CLACSO, 2000.

COSTA, Nunes Rodrigues da. *O espírito do lugar*: Licínio Azevedo, cineasta de Moçambique. 2015. Disponível em: <https://ciclosdacinemateca.wordpress.com/2015/11/27/o-espirito-do-lugar-licinio-de-azevedo-cineasta-de-mocambique/> Acesso em: 20 fev. 2018.

FRY, Peter. O espírito santo contra o feitiço e os espíritos revoltados: "civilização" e "tradição" em Moçambique. In: *Mana*. vol. 6, n. 2. Rio de Janeiro, Outubro de 2000. Disponível em: <http://www.scielo.br/scielo.php?script=sci_arttext&pid=S0104-93132000000200003> Acesso em: 2 fev. 2018.

GIDDENS, Antonio. *As consequências da modernidade*. São Paulo: Editora UNESP, 1991.

HALBWACHS, Maurice. *A memória coletiva*. Tradução de Beatriz Sidou. 2. ed. São Paulo: Centauro, 2013.

LUVIZOTTO, Caroline Kraus. *As tradições gaúchas e sua racionalização na modernidade tardia* [on-line]. São Paulo: Editora UNESP; São Paulo: Cultura Acadêmica, 2010. p. 140.

MALANDRINHO, Brígida Carla. "Os mortos estão vivos: a influência dos defuntos na vida familiar segundo a tradição *bantu*". In: *Último Andar* (19), 1-70, 2 Semestre, 2010. Disponível em: <http://www4.pucsp.br/ultimoandar/download/BrigidaMalandrino.pdf > Acesso em: 8 fev. 2018.

MINARDI, Fábio Freitas. Documentário ROGER e EU. Filme de Michael Moore, 1989, EUA. *Conhecimento interativo*. São José dos Pinhais, PR, v. 3, n. 2, p. 165-168, jul./dez. 2007.

NICHOLS, Bill. *Introdução ao documentário*. São Paulo: Papiros editora, 2013.

PENAFRIA, Manuela. *O filme documentário: história, identidade, tecnologia*. Lisboa: Editora Cosmos, 1999.

_____. *O ponto de vista no filme documentário*. Universidade da Beira Departamento de Comunicação e Artes, 2001. Disponível em: <http://www.cinema.seed.pr.gov.br/arquivos/File/Opontodevistadofilmedocumentario.pdf> Acesso em: 20 fev. 2018.

PRANDI, Reginaldo. "O Brasil com axé: candomblé e umbanda no mercado religioso". São Paulo, USP. In: *Estudos Avançados* 18 (52), 2004. Disponível em: <http://www.revistas.usp.br/eav/article/view/10033/11605> Acesso em: 3 mar. 2018.

SILVA, Aguinaldo Rodrigues da. *O grande circo autêntico (José Mena Abrantes/Angola) e A árvore dos antepassados (Licínio Azevedo/Moçambique)*: representações do pós-colonialismo no teatro e cinema. ABRALIC. Disponível em: <http://www.abralic.org.br/anais/arquivos/2017_1522197366.pdf> Acesso em: 20 abr. 2018.

VILLASENOR, R.L. e CONCONE, M.H.V.B. (2012, agosto). "A celebração da morte no imaginário popular mexicano". In: Revista *Temática Kairós Gerontologia*, 15(4), p. 37-47, "Finitude/Morte e Velhice", Online. ISSN: 2176-901X. Print ISSN 1516-2567. São Paulo (SP), Brasil: FACHS/NEPE/PEPGG/PUC-SP.

WEBER, M. *Economia e sociedade*. México: Fondo e Cultura Económica, 1994.

ZANDONADE, Vanessa; FAGUNDES, Maria Cristina de Jesus *O vídeo documentário como instrumento de mobilização social*. 2003. Disponível em: <http://bocc.ubi.pt/pag/zandonade-vanessa-video-documentario.html> Acesso em: 20 abr. 2018.

Cinema e literatura:
África em diálogo

Viviane Mendes de Moraes

Debruçar-se sobre o continente africano nas suas diferentes facetas é uma tarefa que exige cuidado e sensibilidade no que tange à perspectiva segundo a qual esse olhar é direcionado. Este artigo se orienta pela abordagem epistemológica afrocentrada, que Molefi Asante (2014) conceitua da seguinte maneira:

> A afrocentricidade é uma perspectiva filosófica associada com a descoberta, localização e realização da agência africana dentro do contexto de história e cultura. Agência significa que toda a ação [sobre África] tem de ser fundamentada em experiências africanas. Como tal, a afrocentricidade oferece, tanto ao teórico quanto ao praticante, canais de análises nítidos e precisos. (ASANTE, 2014, p. 04)

Tal enfoque significa que, ao se lançar um olhar sobre alguma manifestação genuinamente africana, busca-se centralizar o sujeito africano no principal plano de análise, considerando também sua localização, seus deslocamentos e suas realocações. Esse exercício auxilia a perceber aspectos não apenas europeus da Arte, Literatura, Cinema, Filosofia, História, Política, Economia, contribuindo, portanto, para uma pluralidade de visões, o que propicia a saída de um viés universalizante. As artes, culturas, sociedades plurais operam, por conseguinte, com identidades híbridas, que são determinadas por uma série de influências, entre elas a histórica, a cultural e a da ancestralidade (NASCIMENTO, 2009, p. 122).

Deste modo, compreender Moçambique histórica, cultural e socialmente requer o entendimento de que o território moçambicano é

> [u]m estado que se constituiu a partir de uma territorialização colonial; por isso, aquilo que hoje chamamos, de uma forma difusa, de sociedade moçambicana, resulta de um processo de formação, forçado e amalgamado,

de um conjunto de grupos sociais que tinham a sua constituição enquanto que tais, já naturalmente formados, havia muitos anos. (ROSÁRIO, 2010, p. 23)

Assim, para o entendimento dos atritos provocados pela imposição colonial, deve-se colocar em questão a lógica de referência eurocentrada que se estabeleceu e apagou muitos marcos históricos e geográficos dos povos africanos locais, cujas identidades se ofuscaram, pois perderam as "referências históricas (historicidade) comuns e as referências geográficas (geograficidade) comuns" (ROSÁRIO, 2010, p. 23). Diversas nações africanas constituídas no século XX, como Moçambique, tiveram suas identidades históricas e geográficas esgarçadas pelo colonialismo que se valeu do processo de assimilação e da opressão para provocar o silenciamento cultural e social dos povos africanos que ali habitavam.

Ao contrário dos referentes eurocentrados impostos pelo colonialismo, as artes africanas devem ser analisadas sob uma ótica pluriversal, como orienta o filósofo Mogobe Ramose (2011) ao tratar da filosofia africana. Esta, na contramão do universalismo ocidental que cerceia as diferenças, é dotada de pluriverso, ou seja, apresenta visões plurais de diferentes povos acerca da existência humana:

> Reivindicar que só há uma filosofia "universal" sem cultura, sexo, religião, história ou cor é afirmar que a particularidade é um ponto de partida válido para a filosofia. Esta reivindicação não é explicitamente reconhecida com frequência pelos protagonistas da "universalidade" da filosofia. Esta é a razão pela qual eles estão dispostos a reconhecer nomes como filosofia ocidental, chinesa, indiana, japonesa ou russa, mas se recusam a reconhecer a filosofia africana, australiana, latino-americana, maia e (até) mesmo as filosofias feministas. (RAMOSE, 2011, p. 06)

Mohamed Bamba (2012), no que diz respeito ao cinema africano, aconselha uma abordagem de análise também plural, que contemple não só os traços característicos dos povos africanos, mas também metodologias herdadas do contato com a Europa:

> Os filmes africanos, apesar de serem produtos culturais com traços idiossincráticos marcados, são também objetos estéticos e semióticos. São textos que podem ser usados, lidos, estudados, reapropriados pelos diversos públicos cinematográficos com vista em seus particularismos culturais ou atentando para suas ousadias formais. A tarefa analítica de circunscrever

> a pluralidade de sentidos de qualquer objeto fílmico não dispensa, obviamente, o estudo dos fatores contextuais que incidem na sua organização discursiva interna. [...] Acoplar o rótulo de "filme africano" a uma obra, por exemplo, pressupõe um gesto de atribuição que situa a dita obra num determinado espaço geográfico e cultural. Mas não podemos esquecer que um filme africano é também um objeto significante. O contato dos diversos públicos com os filmes faz deles objetos de discursos e objetos dos mais diversos tipos de atividades interpretativas. Com isso queremos dizer que a grade de leitura "culturalista" não deve se transformar numa norma ou no único *modus operandi* na análise dos filmes africanos. A mesma metodologia que preside ao estudo teórico dos filmes ditos ocidentais devem valer também para os filmes dos cineastas africanos. (BAMBA, 2012, p. 19-20)

Ao adentrar o território do cinema africano, é necessária a compreensão de que, sobretudo no contexto da África pós-colonial, a sétima arte serve, entre outros propósitos, para pensar a ideia de nação, cujos elementos fundacionais mesclam legados africanos locais e traços europeus herdados de uma colonização impositiva que não respeitou as culturas africanas originárias. Segundo Bamba,

> [...] a nação e o cinema resultam de um mesmo movimento, de uma mesma dinâmica, isto é, a "projeção", no sentido técnico e simbólico, e que corresponde ao gesto de oferecer a uma comunidade uma imagem e um relato maiores do que aquilo que os gerou. (BAMBA, 2017)

É consensual a afirmativa de que Moçambique desempenhou um papel pioneiro na história do cinema africano pós-colonial através da criação, à época da independência, de uma infraestrutura de cinema nacional desvinculada do circuito cinematográfico comercial global e a serviço da nação marxista que emergiu logo após o colonialismo português.

> Em 1975 o primeiro ato cultural por parte do partido governante Frente de Libertação de Moçambique (FRELIMO) foi a criação do Instituto de Cinema de Moçambique. O governo convidou Ruy Guerra, um dos mestres do Cinema Novo brasileiro (nascido em Moçambique), para ser seu diretor. De acordo com Camilo de Sousa (SOUSA. *Apud*: CARDOSO, 2003), o cinema foi utilizado como instrumento vital para os propósitos de educação e propaganda ideológica no processo de construção simbólica da nova nação independente. (ARENAS, 2012, p. 75-76)

As artes, dotadas de seu papel social, registram, apontam e refletem sobre o seu tempo; tanto o cinema quanto a literatura moçambicana não se isentam desta tarefa, manifestando-se como observadores aguçados de um Moçambique, que, independente em 1975, passou por um período de euforia, momento em que o cinema teve grande importância na formação da nação moçambicana. Contudo, logo a seguir, tomou conta do país recém-libertado um clima de distopia, advindo de divergências políticas internas insufladas por potências externas, que culminou em uma guerra fratricida, que se manteve por dezesseis anos, até 1992.

Tal ano foi também o do lançamento do curta-metragem *Fogata* (1992), do diretor João Ribeiro, uma adaptação do conto "A Fogueira", de Mia Couto, publicado na obra *Vozes anoitecidas* (1986). Ambos, filme e conto, serão objetos de análise deste artigo.

Moçambique, no final dos anos 1980 e início de 1990, encontrava-se em uma guerra civil e a literatura começou a refletir sobre as perdas e destruições provocadas pelos devastadores combates, efetuando uma crítica já menos esperançosa e mais aguda sobre o real social daquele território. Nesse contexto, Mia Couto publicou *Vozes anoitecidas* (1986), obra em prosa com forte tom poético, profundo apelo às tradições e às memórias culturais moçambicanas, comprometida com a reinvenção da oralidade africana.

> Desse universo envolto em sofrimento e miséria, no entanto, surgem pessoas que atravessam o nevoeiro e vislumbram um futuro melhor para Moçambique. Brota desse chão uma literatura apaixonada e apaixonante que devolve ao mundo a poesia sem deixar de ver as coisas como elas são. [...] Para alcançar a possibilidade do sonho é preciso atravessar o deserto estéril da guerra, pisar sobre corpos queimados e sobre a superfície morta da terra. É dos escombros de um mundo em ruínas que Mia Couto ergue sua literatura, um monumento em louvor à vida. (MACEDO *et alii.*, 2007, p. 54-55)

O moçambicano de ascendência portuguesa António Emílio Leite Couto, ou Mia Couto, é um dos nomes mais conhecidos da literatura moçambicana, laureado diversas vezes e com grande projeção em Portugal, no Brasil e em muitos outros países.

> Nas narrativas de Mia Couto chama a atenção o motivo comum que atravessa sua escrita: a profunda crise econômica e cultural que acompanha

> o quotidiano da sociedade moçambicana, durante e depois da guerra civil, ou seja, após a independência nacional. Suas obras problematizam a instabilidade na qual está mergulhado o povo moçambicano, a corrupção em todos os níveis do poder, as injustiças como consequência de um racismo étnico, a subserviência perante o estrangeiro, a perplexidade face às rápidas mudanças sociais, o desrespeito pelos valores tradicionais, a despersonalização, a miséria. (FONSECA *et alii.*, s/d, p. 33-34)

A obra miacoutiana permanece em movimento crescente, com a recém-publicação de *O bebedor de horizontes*, em 2017, terceiro volume da trilogia *As areias do imperador*, composta também pelas obras *Mulheres de cinza* (2015) e *A espada e a azagaia* (2016).

As narrativas transitam por múltiplas esferas, confrontando o leitor com "situações que interseccionam elementos no âmbito do real e do onírico, do mundo dos vivos e dos mortos, dos feitiços e do "sobrenatural" (FONSECA *et alii.*, s/d, p. 34), além do atravessamento da ancestralidade e da perspectiva de mundo africana, que transbordam de sua escrita, dada sua vivência não apenas como moçambicano, mas também como biólogo, o que lhe permite transitar em diversas áreas do país, aprendendo e colhendo material de inspiração. Esta aprendizagem, fundamentada na oralidade, se evidencia na linguagem do autor, baseada na tradição oral africana e também no uso da língua portuguesa transgredida em suas regras linguísticas pela reinvenção de um novo, inventivo e criativo registro discursivo.

O conto "A Fogueira" (1986) narra a estória de um casal de velhos solitários em sua machamba, isto é, sua plantação, abandonados por todos e pelos filhos por causa da guerra. O velho, entendendo a finitude da vida, decide cavar a cova de sua mulher, com a justificativa de que ela irá morrer e ele precisa estar preparado. Logo, uma teia irônica se tece na narrativa. A decisão de o marido cavar a sepultura da mulher enquanto tem forças, a gratidão da esposa e o fim inesperado, com a reviravolta em que o homem doente é quem morre e se torna o dono da cova, demonstram o tom irônico do conto:

> Somos pobres, só temos nadas. Nem ninguém não temos. É melhor começar já a abrir tua cova, mulher.
> A mulher, comovida, sorriu:
> – Como és bom marido! Tive sorte no homem da minha vida.
> [...]

– Olha, velho. Estou pedir uma coisa...
– Queres o quê?
– Cova pouco funda. Quero ficar em cima, perto do chão, tocar a vida quase um bocadinho.
[...]
– Não posso deixar aquela campa sem proveito. Tenho que matar-te.
– É verdade marido. Você teve tanto trabalho para fazer aquele buraco. É uma pena ficar assim.
– Sim, hei de matar você; hoje não, falta-me o corpo.

(COUTO, 1987, p. 23- 25)

O cinema moçambicano pós-independente teve um primeiro momento com grande incentivo governamental, o que permitiu a aquisição de certa aparelhagem e o desenvolvimento de trabalhos de qualidade. Os expressivos nomes da sétima arte do país são Licínio Azevedo, Camilo de Sousa, Sol de Carvalho, entre outros, que fazem escola e influenciam gerações de novos realizadores. Um desses é João Ribeiro, diretor do filme *Fogata*.

João Ribeiro, moçambicano, de ascendência cabo-verdiana, nascido na região da Zambézia, começou no meio audiovisual em 1987, transitando pela cinematografia e também pela teledramaturgia. Adquiriu experiência em direção, produção, fotografia, tornando-se um "cineteleasta" como se autointitula. Nesse período, foi chefe do Arquivo de Filmes e mais tarde coordenador de produção dessa instituição. Em 1989, formou-se em Produção na Escola Superior de Cinema, em Cuba. *Fogata* é seu primeiro curta-metragem, de 18 minutos, realizado como trabalho de final de curso, produzido pelo Instituto Nacional de Cinema de Moçambique e pela EICTV, protagonizado pelos atores Adérita Manjat e Chaúque Nalelane.

O curta-metragem reinventa o conto "A Fogueira", de Mia Couto; se inicia com o simbólico ritual de contação de estória *Karingana ua karingana*, o que não ocorre na narrativa de Mia Couto. O cenário em que a narrativa se desenvolve divide-se entre a machamba/plantação e a cubata/casebre.

A partir da simbologia da fogueira e da fogata – do espanhol fogueira/fogaréu – o filme referencia os griots, figuras respeitadas por serem a principal fonte de armazenamento e transmissão do saber africano ancestral que se dava em torno da fogueira.

No conto, há também uma ironia. As personagens velhas já não contam; estão sós. Não há à volta delas uma roda de pessoas para contarem estórias: "A velha estava sentada na esteira, parada à espera do homem saído do mato [...] O velho chegou perto e arrumou sua magreza na esteira vizinha" (COUTO, 1987, p. 21) e "pensou no dia e riu-se dos contrários: ela, cujo nascimento faltara nas datas, tinha já o seu fim" (COUTO, 1987, p. 25).

A fogueira, simbólica na ancestralidade e nas tradições, é referida em diferentes momentos no filme: no início, representando a contação da estória que acontecera com o avô à volta da fogueira; na doença e delírio do velho " – Você está cheio com a febre. Foi a chuva que apanhaste. [...] – Não é, mulher. Foi que dormi perto da fogueira. [...] – Qual fogueira?!" (COUTO, 1987, p. 24), perguntou a mulher; e, ao fim da narrativa, para expressar a morte do velho: "[...] viu que estava tão frio, tão frio que parecia que, desta vez, ele adormecera longe dessa fogueira que ninguém nunca acendera" (COUTO, 1987, p. 25).

A estreita relação africana com os elementos da natureza, a espiritualidade e a ancestralidade se evidencia pelo castigo – morte – do velho ao maldizer a chuva, mesmo avisado pela mulher sobre as consequências de suas palavras. Mais uma vez, aí, podemos refletir com Hampâté-Bâ (HAMPÂTÉ-BÂ, 1982) sobre a palavra enquanto lança e poder.

> Foi de repente, vieram as chuvas. A campa ficou cheia de água, parecia um charco sem respeito. O velho amaldiçoou as nuvens e os céus que as trouxeram. [...] – Não falas asneiras, vai ser dado o castigo. – aconselhou ela. [...] – Sai da chuva, marido. Você não aguenta, assim. [...] – Não barulha mulher – ordenou o velho. (COUTO, 1987, p. 23)

A narrativa de Couto finaliza, como é frequente em diversas obras do autor, num tom onírico, pelo qual a velha sonha com uma vida "grávida de promessas" (COUTO, 1987, p. 25), evidenciando uma centelha de esperança, após um olhar agudo sobre a paisagem social do país:

> Quando a lua começou a acender as árvores do mato ela inclinou-se e adormeceu. Sonhou dali para muito longe: vieram os filhos, os mortos e os vivos, a machamba encheu-se de produtos, os olhos a escorregarem no verde. O velho estava no centro, gravatado, contando as histórias, mentira quase todas. Estavam todos ali, a vida a continuar-se, grávida de promessas. Naquela roda feliz, todos acreditavam na verdade dos velhos, todos tinham sempre razão, nenhuma mãe abria sua carne para a morte. Os ruídos da manhã foram-na chamando para fora de si, ela negando abandonar aquele sonho, pediu com tanta devoção como pedira à vida que não lhe roubasse os filhos. (COUTO, 1987, p. 25)

Apesar da sensação distópica em relação ao social, tanto o filme quanto o texto, embora apresentem uma evidente dicção irônica, deixam em aberto, no final, um desejo de mudança. Um anseio de que o amanhã seja menos amargo e a vida africana, junto à família e aos mortos, possa se reestabelecer e fluir menos solitária e um pouco mais harmoniosa.

Referências

ARENAS, Fernando. "Retratos de Moçambique pós-guerra civil: a filmografia de Licínio". In: *Bamba*, Mahomed; MELEIRO, Alessandra (Org.). *Filmes da África e da diáspora*: objetos de discursos. Salvador: EDUFBA, 2012. p. 75-99.

ASANTE, Molefi Kete. *Afrocentricidade*. Rio de Janeiro: Afrocentricidade Internacional, 2014.

BAMBA, Mahomed; MELEIRO, Alessandra (Org.). *Filmes da África e da diáspora*: objetos de discursos. Salvador: EDUFBA, 2012.

BAMBA, Mahomed. *A recepção dos filmes africanos no Brasil*. Salvador: Faculdade de Técnologia e Ciência, 2017. Disponível em: <http://mahomedbamba.com/site/wp-content/uploads/2017/12/006-3.pdf> Acesso em: 12 dez. 2017.

BERNAT, Isaac G.. *O olhar do griot sobre o ofício do ator*: reflexões a partir dos encontros com Sotigui Kouyaté, s.d. Disponível em: <http://www.publionline.iar.unicamp.br/index.php/abrace/article/view/1320/1429> Acesso em: 14 dez. 2017.

COUTO, Mia. *Vozes anoitecidas*. Lisboa: Caminho, 1987.

CINÁFRICA. Site do Projeto de pesquisa "Literatura, cinema e afeto", coordenado pela Profa. Dra. Carmen Lucia Tindó Secco (UFRJ, FAPERJ e CNPq). Disponível em: <http://cinafrica.letras.ufrj.br/index.php/filmes/filmes-mocambique/70-filme-joao-ribeiro> Acesso em: 01 dez. 2017.

FONSECA, Maria Nazareth Soares; MOREIRA, Terezinha Taborda. *Panorama das literaturas africanas de língua portuguesa*. Disponível em: <http://www4.pucminas.br/imagedb/mestrado_doutorado/publicacoes/PUA_ARQ_ARQUI20121019162329.pdf > Acesso em: 18 dez. 2017.

HAMPÂTÉ-BÂ, Amadou. "A tradição viva". In: Ki-ZERBO, Josef. *História geral da África*. SP: Ática, UNESCO, 1982. v. I.

_____. *Amkoullel, o menino fula*. São Paulo: Palas Athenas; Casa das Áfricas, 2003.

IMPÉRIO, Fernando. "Salada de Cinema entrevista João Ribeiro, diretor de *O último vôo do flamingo*". Disponível em: <http://saladadecinema.com.br/2011/05/20/salada-de-cinema-entrevista-joao-ribeiro-diretor-de-o-ultimo-voo-do-flamingo>Acesso em: 19 dez. 2017.

MACÊDO, Tania; MAQUÊA, Vera. *Literaturas de língua portuguesa*. São Paulo: Arte e Ciência, 2007.

NASCIMENTO, E. Larkin (Org.). *Afrocentricidade*: uma abordagem epistemológica inovadora. São Paulo: Selo Negro, 2009.

RAMOSE, M.B. *Ensaios filosóficos*. Volume IV - outubro/2011.

RIBEIRO, João. Entrevista: "João Ribeiro: cinema africano, televisão e mercado". Disponível em: <https://www.youtube.com/watch?v=Kcwo5u8LDdw> Acesso em: 27 dez. 2017.

ROSÁRIO, Lourenço do. *Moçambique*: história, culturas, sociedade e literatura. Belo Horizonte: Nandyala, 2010.

Filmografia

FOGATA. Direção de João Ribeiro. 1992. 18 minutos. Disponível em: <https://vimeo.com/34995335> Acesso em: 10 maio 2017.

Sobre *Ngwenya*:
memória e identidade cultural, poesia e resistência

Beatriz de Jesus dos Santos Lanziero

> Eu acho que há muitas coisas que sonhamos em comum.
> MALANGATANA. In: NORONHA, 2007, 1:12:18

Na comunhão de sonhos[1] promotora da resistência cultural e política, o documentário *Ngwenya, o Crocodilo*, de Isabel Noronha, desponta como universo em cujo solo inter-relacionam-se sons, cores, palavras em tecido composto por diversas visões e linguagens. Imersos em vastidão poética, adentramos memórias de extremo potencial afetivo, revificadoras da intensidade do tempo. A cineasta não filma "o tempo vivido propriamente dito, mas a intensidade ou a densidade da experiência do tempo traduzida proporcionalmente em duração" (SOUZA, 2012, pp. 170-171). Malangatana, seu povo e espaço surgem por meio de reatualização múltipla, viva e densa do tempo reencontrado na memória como duração.

Para Bergson, tendo como referência o texto *Matéria e memória*, o conceito de memória, de natureza espiritual, está associado a tempo e duração. Passado e presente não se sucedem em um *continuum*. São contemporâneos, coexistentes, tal como a sombra ao lado do corpo. A lembrança pura, virtualidade, relaciona-se ao passado, cuja natureza é conservar. A atualidade, a imagem-lembrança, diz respeito ao presente, cuja natureza é passar. As ações conservadoras nascem da atualização de lembranças utilitárias; as criadoras, de não utilitárias.

A memória, abstração da ação presente, suspende o movimento sensório-motor da matéria. Acessando-a, a consciência toca o passado (inconsciente

---

[1] Recuperação de imagem usada por Malangatana em sua conversa com o escritor Mia Couto na obra fílmica sobre a qual refletimos, consideração por nós destacada na epígrafe.

e virtual, lembrança pura). A pressão do virtual é contínua. Muitas vezes, há o recalque dessa virtualidade em nome da sobrevivência. Por vezes, do presente parte o apelo à memória, o passado transpõe o limiar da consciência. Sempre que nos desinteressamos da ação eficaz e utilitária (que visa à conservação por meio de mecanismos sensório-motores), colocamo-nos na esfera do sonho, do devaneio, na ordem dos atos criadores. Dilatamos nossa zona de indeterminação, intervalo entre percepção e ação, ampliamos nossa percepção e intensificamos nossa ação sobre o mundo, tornando-a mais livre. O cultivo da intuição corresponde à dilatação da zona de indeterminação, proporcionada pela experiência do tempo: duração, mudança de modo contínuo e qualitativo, estimulada pela emoção criadora, impulso criador que leva a conhecer a vida de dentro, distante da lógica devoradora de *Cronos*. Duração: tempo do espírito, anterior às divisões de ordem pragmática.

A obra fílmica em questão nos coloca à distância do pragmatismo e da lógica de causa-efeito. Nossas inquietações surgem no âmbito do curso de Pós-Graduação, ministrado pela professora Carmen Lucia Tindó Ribeiro Secco, em que estudamos cinema e literatura africanos. Nesse contexto, também problematizamos reflexões de Deleuze acerca do cinema. Para o filósofo, no cinema moderno, prevalece o regime imagem-tempo em contraste com o regime imagem-movimento do cinema clássico. A imagem-tempo representa diretamente o tempo, rompendo com o liame sensório-motor da imagem movimento. No regime imagem-tempo, deparamo-nos com situações puramente óticas e sonoras, permitindo a exploração do espaço-tempo pelo espectador. A percepção não se prolonga na ação e passa a repercutir em pensamento a partir da representação direta do tempo, produzindo reflexões, gerando pensamentos. Defrontamo-nos com sonsignos e opsignos. O cinema visionário, sob o regime imagem-tempo, substitui a visão empírica por uso mais complexo da faculdade de ver e sentir. Suspende o reconhecimento sensório-motor das coisas, desconstruindo clichês, processo intrinsecamente ligado ao de descolonização de imagens operado pelos filmes que compuseram o *corpus* do curso antes referido.

O cinema moderno apresenta relação cerebral ou intelectual distinta do cinema clássico. Neste último, a construção de significados acontece através da "lei do conceito" (integração-diferenciação no movimento, encadeamento feito na montagem) e da "lei da imagem" (contiguidade e similitude de uma imagem a outra). O cinema cerebral não apresenta encadeamento de imagens associadas em lógica de causa e efeito, e sim o reencadeamento de imagens independentes que se associam em relação aditiva. Em vez de uma imagem depois da outra, temos uma imagem mais outra e cada plano é desenquadrado em relação ao enquadramento do plano seguinte. Não se apresenta o regime orgânico da imagem-movimento, mas o regime cristalino da imagem-tempo (em cada plano o espectador processa o significado a partir de imagem-cristal, autencidade da duração, espessura dos instantes). Ao invés do encadeamento de cortes racionais representando a construção de um modelo de verdade, há agora reencadeamentos por cortes irracionais, buscando o que Deleuze chama de "potência do falso". Algo que substitui, ou melhor, destrona a "forma do verdadeiro", pois afirma a simultaneidade de presentes incompossíveis ou a coexistência de passados não necessariamente autênticos e absolutos. No cinema imagem-tempo, o espectador atua diante da tela a partir de um circuito de pensamento, o objeto força a pensar e caminhar para uma abertura em devir.

No filme *Ngwenya, o Crocodilo*, observamos a construção de situações óticas e sonoras. Também se colocam os reencadeamentos por cortes irracionais, encenando-se a "potência do falso", processo de descolonização da imagem, conjugando de forma dialética a tradição e a modernidade, tal como o universo artístico criado por Malangatana. Pelo viés do cinema poesia, Isabel Noronha empreende viagem existencial, mítico-rural e político-histórica por Matalana, a Moçambique de Malangatana Ngwenya. Como aponta Carmen Tindó Ribeiro Secco em artigo sobre o documentário, a obra, de linguagem lírica e poética, calcada em afetos, "aposta no potencial do acontecimento lembrado", "erigindo-se pela tensão entre o biográfico, o mítico, o histórico, o ficcional" (SECCO, 2016, p. 290). Complexa teia, resultado de um viajar constituído em "ir ver", o documentário alinhava impressões de um caminhando em que sentidos e pensamento mostram-se conjugados e em alerta.

Tal viagem nasce do agenciamento de fragmentos de memória de Xiluva, Isabel. Em movimento autorreferencial, em atualização do tempo da memória conforme definimos, o filme associa a voz, as cores e texturas das produções de Malangatana às sensações afloradas pelo canto e acalanto de Nospa, trampolins para um universo mágico e sensorial, ao qual a cineasta sabe pertencer, sem poder nomear. A voz *off* adulta em imagem de criança materializada, às costas da mulher que a encanta e embala, anuncia: Malangatana consegue "pôr imagens e palavras naquilo que pra mim eram sensações sem nome". De canto em canto, representa-se na obra fílmica o encontro anunciado: duas miúdas, Cecília e Isabel, irrompem pelo ateliê onde trabalha o pintor. Ao Malangatana do presente da enunciação se junta a menina de, aproximadamente, seis anos do presente do enunciado, instante dos ainda sombrios e opressores tempos coloniais: sela-se a promessa de um reencontro para falar de amedrontadores "monstros com sangue", para compreender sem temor "coisas que me aparecem na cabeça", sonhos, mitos e ritos, expressões artísticas e linguísticas, modos de ser e estar no mundo, pensar, educar e encantar. Complexidade a que a violência do mundo colonial, da infância da cineasta, relegava ao silêncio. Opera-se, portanto, em um primeiro momento, a reunião de mundos distintos, remetendo-se a Moçambique em que "Isabel habitava o lado colonial e Malangatana, o subúrbio. Universos opostos, porém com questões humanas comuns" (SOUZA, 2012, p. 166) que, num segundo momento, defrontam-se para preencher vazios e evocar vozes emudecidas.

O filme é o reencontro, cruzamento de espíritos, em complexa teia de relações. O espaço é a Matalana, terra natal do artista plástico, lugar a que este último tão intimamente pertencia e do qual Isabel, segundo revela em entrevista dada ao *Saponotícias*, aproximava-se e se apropriava por meio das histórias da amiga Cecília, filha do pintor, povoadas da figura mítica da avó, dos saberes desconhecidos na cidade, perpassadas pela imagem da casa do "Por enquanto", espaço de produção e vivência, nomeado pela condição de limiar e processo. Matalana encena-se, às portas de Maputo, cujas luzes citadinas se fazem ver, "zona que ainda mantém arreigadas características da cultura ronga mais profunda", ainda segundo a cineasta, na entrevista antes referida.

Em exercício de sobreposição de tempos, em que se implodem a linearidade e as relações de causa e efeito, depois de permissão pedida aos ancestrais, caminhamos por Matalana em dinâmica viagem de aprofundamento e densidade, tendo em vista aquela iniciação prometida nos tempos infantes da cineasta. Configura-se um mergulho sensorial e intelectual no mundo onde Malangatana cria (e se cria), em seu idioma de múltiplas facetas e expressões, tão rico e complexo quanto seu local e cultura, dinamizando a tradição no contato com a modernidade, em serenidade, sem apaziguamento. Na entrevista já mencionada, Isabel destaca a ausência de classificações e rótulos para Malangatana, afirmando que tal questão é perceptível na tentativa de estabelecer uma "espécie de equilíbrio entre o mundo da tradição, que ele continuava a habitar profundamente, e a modernidade na qual se movimentava enquanto artista". Isso é exemplarmente recriado pela obra fílmica, principalmente, perto do encerramento, ao se perspectivar a exposição de quadros ao ar livre, na "casa dos ancestrais", na floresta de Matalana. O potencial de liberdade e desconstrução da cena transborda tal como as imagens do excesso criativo das telas multipovoadas do pintor: estas parecem flutuar, em meio a noturnas paragens, sobre a terra, sob o céu, em condição de entremeio e devir, em lógica similar à da nomeação da casa do "Por enquanto". Em vez das frias galerias sujeitas aos movimentos de supostos especializados apreciadores, eurocentricamente construídas, apresenta-se esse espaço em que se observa profícua e dialética relação entre cultura e natureza. Dá-se a encenação da leitura operada por múltiplos sujeitos e arremata-se o evento ao som de canções, ao calor das fogueiras. Estabelece-se o distanciamento em relação aos parâmetros europeus, desde a escolha e preparação do lugar, passando pela disposição das obras e leituras efetuadas, até o desfecho da mostra, destacando-se, no êxito do sujeito, o da comunidade. Flagramos a obra de Malangatana sujeita à aragem, a miragens diversas, sob a bênção ancestral, reconhecida no agradecimento, "*Kanimambo!*", quando terminada a exposição, ou, em outra ordem de sentir e pensar, quando Malangatana declara: "está aqui o que fui fazer".

Entretecendo passado e presente, o filme problematiza o povo ronga a partir dos Ngwenya, de Malangatana. Despontam as tradições, os rituais religiosos, as atividades lúdicas, artísticas e laborativas em dialético movimento de transmissão de saberes que alia os jovens e os adultos, exercício pedagógico ritmado pelo canto. Elabora-se complexo bordado que entremeia o particular e o coletivo, o indivíduo e sua comunidade.

Objetivando exemplificar aquele entretecer, podemos nos referir a três representativas cenas da obra fílmica. Logo no início, acompanhamos Malangatana na tarefa de proferir notícia acerca do nascimento de um Ngwenya por meio da leitura de carta que lhe fora endereçada. A comemoração, quase solitária num primeiro instante, é seguida de ritual de apresentação da criança à comunidade, momento em que é evocada a tradição para que o menino não se desorientasse no hoje, para agradecer a vida: "Oh, crescemos! Estamos a crescer bem" (NORONHA, 2007, 00:11:22). Percebemos a ênfase no nascimento, no crescimento da família Ngwenya, em meio à comunidade ronga, no solo de Matalana. A seguir, destacamos a cena em que Malangatana e Obelino estudam atentamente um tronco encontrado pelo primeiro em meio aos caminhos trilhados. Malangatana compartilha com o amigo e parceiro de construção de mundos a obra que já vê delineada no tronco queimado e seco: de um lado, o tronco de uma mulher bonita com pernas e nádegas e longo braço erguido; de outro, um crocodilo, percepção seguida da constatação de Malagantana: "Sou eu a subir sobre ela" (NORONHA, 2007, 00:21:38). A leitura sensual do material encontrado transforma-se em execução de obra artística. A sensualidade se desdobra na continuidade da cena, em conversa "malandra" entre

Malangatana e mulher que se aproxima: Palmira. Na sequência, Obelino reaparece e se inicia espécie de disputa amorosa entre os dois homens, substancializada em canto e dança. A posição de Palmira confere aos dois a vitória (ou a ela mesma): "Fico com os dois" (NORONHA, 2007, 00:25:45). Mais uma vez, contar a história do artista corresponde a trazer paralelamente à baila a da comunidade, sintonizando obra e vida, escultura e encontro existencial. Por último, ressaltamos a cena em que, à volta da fogueira, amigos e familiares se reúnem para falar da família Ngwenya e de Malangatana. Histórias são narradas conjugando dados do indivíduo que envolvem o coletivo: origem da família, percurso do artista na relação com o seu lugar, infância e tempos da escola. Sob a égide da expressão *karingana wa karingana*, a palavra oral fertiliza o chão do filme, oferecendo retrato do sujeito na vinculação com sua comunidade. Narra-se fragmentariamente a história, costurando retalhos biográficos indiciadores do que escapa da esfera do sujeito e alcança a coletividade, em jogo de autorização e desautorização. Ou, dito de outro modo: Malangatana é o mestre, artista e sábio, protagonista cuja biografia se quer destacar, o notável; todavia, em outro movimento, Malangatana é um dos moçambicanos, dos rongas, dos Ngwenyas, um no meio dos demais. Dá-se uma espécie de dinâmica que relativiza, sem anular, o peso da subjetividade tratada, isso em uma obra que, em exercício crítico e autorreflexivo, pretende questionar o documentário biográfico sem deixar de sê-lo.

 O diálogo intertextual entre o poema "Receita para fazer um herói", de Reinaldo Ferreira, e o percurso biográfico do pintor também pode relacionar-se a esta última questão. O poema é citado ao fim de relato que recupera a opressão e violência colonial, a prisão pela PIDE e o engajamento na luta pela libertação nacional. Qualquer tentativa de idealização e heroicização do sujeito (do biografado e de qualquer outro) é posta sob suspeição. O texto lírico se apresenta como fórmula para ironicamente pôr em questão e negar os processos e discursos fechados geradores de heróis, a partir da mais comum matéria humana, temperada com certezas potentes, tais como ódio e fome:

> Tome-se um homem,
> Feito de nada, como nós,
> E em tamanho natural.
> Embeba-se-lhe a carne,
> Lentamente,
> Duma certeza aguda, irracional,
> Intensa como o ódio ou como a fome.
>   (FERREIRA, 1960, p. 23)

Agudizando a ironia, o eu lírico ressalta a trágica possibilidade do herói. O resultado, precedido de toque de mágica e música, e mesmo em decorrência da inverossimilhança desses ritmos, consiste na degeneração da ideia na morte do que supostamente se constrói. A contingência da vida impossibilita, no cotidiano hábito de servir, a existência de heróis:

> Depois, perto do fim,
> Agite-se um pendão
> E toque-se um clarim.
>
> Serve-se morto.
> (FERREIRA, 1960, p. 23)

Também devemos notar o contraste entre as sábias palavras proferidas por Malangatana, em diálogo com o bíblico rei Salomão, "há tempo de semear, de deixar crescer e de colher", e o tom distópico do texto lírico, que lhes segue. Na tensão dialética, os absolutos se esgarçam, mais uma vez dinamizando a tradição no contato com a modernidade. O presente problematicamente dialoga com o passado, este, como diria Benjamin, "relampeja em momento de perigo", inscreve-se no esquecimento por meio da memória.

É interessante destacar, na perspectiva do regime imagem-tempo antes esboçado, a relação daquela cena cujo centro é o pintor e a que, de certo modo, a anuncia. Nesta última, crianças são auxiliadas por adultos, dentre eles Malangatana, a construir uma casa. Em meio ao trabalho, cantos são entoados e, dentre outras questões, enuncia-se o afeto desencadeado pelo ódio em forma de canção: "As lágrimas caem com força, quando me sinto odiado..." (NORONHA, 2007, 00:44:57). Ou: "Quando me odeiam, fico sem forças" (NORONHA, 2007, 00:46:17). Tal canto é rompido pelo susto causado por um tiro. No presente, o som remete à ação de tio Belmiro, voz só mais à frente convocada a se expressar, caçando galinhas selvagens. Canto e tiro constituem imagens acústicas que, para além do que dão a ver, remetem ao passado colonial, ao ódio consumidor das forças, à violência e à opressão, à resistência, à guerra e, dialeticamente, à libertação. De modo complexo, nada linear, as histórias se compõem de silêncio e sons, cores vivas e lacunas esfumaçadas.

Sob o signo do múltiplo, do plural, encenam-se vozes, linguagens, tempos sobrepostos. Para melhor enxergar a sobreposição de tempos, basta pensarmos nos duplos do velho Malangatana, O miúdo que, nos caminhos, ora parece segui-lo, observá-lo; ora, dele se esconder, representa o outro que ele fora e é, tal como, aliás, observa Isabel Noronha em entrevista já citada. O menino é seu outro. Imagem refletida em espelho retrospectivo, sob certo ponto de vista. Mais ágil e surpreso diante da vida. Para a cineasta, Malangatana não só tem gosto pelas crianças e prazer em ensinar ofícios e artes e contar histórias. Ele traz em seu interior, em simultâneo, a criança traquinas ou medrosa, o jovem galanteador, o velho sábio e respeitado. Além disso, também é hábil em fornecer respostas em diferentes linguagens artísticas, agenciando o corpo, a voz, a palavra, as formas, os relevos ou as cores de acordo com as solicitações a ele enunciadas.

O filme recria essa existência e exercício de linguagens múltiplas. Muitas são as vozes que tecem essa manhã. Polifonicamente a história se faz, em desalinhavado percurso. Em diálogos cotidianos, depoimentos dialogados ou na contação de histórias à volta da fogueira. Desse modo, identificam-se "sonhos em comum", compõem-se os sujeitos, as comunidades. A partir daí, e, talvez, no mesmo movimento, se possa "imaginar a nação" ou, pelo menos, parte dela. Como na cena em que Malangatana, em trânsito, dentro de um automóvel, pela cidade de Maputo, fora da "casa dos feiticeiros", reflete sobre a construção de identidades culturais. Ele recorda do tempo que trabalhara com diferentes famílias, levanta as diversidades culturais e remete, a fim de metaforicamente apontar a tessitura identitária, a retalhos, trapos a coser um corpo, sem se esquecer dos vínculos com Matalana, lugar onde se encontram suas raízes. "Moçambique em processo"? A partir do documentário biográfico de caráter extremamente poético, e das obras dentro da obra, Moçambique pode configurar-se como espaço híbrido de muitas cores, formas, palavras e cantos, cujo eco amplifica-se e dissemina-se, poeticamente, gerando afetos.

Referências

ALVARENGA, Nilson Assunção e LIMA, Marília Xavier de. "O afeto em Deleuze: o regime cristalino e o processo afetivo da imagem-tempo no cinema". In: *Esferas*. Ano 1. No 1, pp. 27-36, jul.-dez. 2012.

BENJAMIN, Walter. *Magia e técnica. Arte e política*: ensaios sobre literatura e história da cultura (Vol.1). Tradução de Sérgio Paulo Rouanet. São Paulo: Brasiliense, 1994.

BERGSON, Henri. *Matéria e memória*. Ensaio sobre a relação do corpo com o espírito. Tradução de Paulo Neves. São Paulo: Martins Fontes, 1999.

BOSI, Ecléa. *O tempo vivo da memória*. Ensaios sobre Psicologia Social. São Paulo: Ateliê Editorial, 2003.

FERREIRA, Reinaldo. *Poemas*. Lourenço Marques: Imprensa Nacional de Moçambique, 1960.

MARTIN, Marcel. *A linguagem cinematográfica*. Tradução de Lauro António e Maria Eduarda Colares. Lisboa: Dinalivro, 2005.

NORONHA, Isabel. Entrevista: "Isabel Noronha e Malangatana, *Ngwenya, o Crocodilo*". In: *Saponotícias*. 10 de janeiro de 2017. Disponível em: <https://noticias.sapo.mz/actualidade/artigos/isabel-noronha-e-malangatana-ngwenya-o-crocodilo> Acesso em: 20 jan. 2018.

_____. NGWENYA, O CROCODILO. Documentário africano de 90 min. Maputo: Ébano Multimídia, 2007b. Disponível em: <https://www.youtube.com/watch?v=sAyyPhljCY0> Acesso em: 20 jan. 2018.

SECCO, Carmen Lucia Tindó. *Afeto, literatura e cinema*: representações da História em obras literárias e filmes de Angola, Moçambique e Guiné-Bissau. Disciplina ministrada no âmbito do Programa de Pós-Graduação em Letras Vernáculas, UFRJ, na Faculdade de Letras, no primeiro semestre de 2017.

_____. "Uma viagem pela vida e obra de Malangatana Valente: cinema, pintura e literatura". In: *Cerrados*. Revista do Programa de Pós-Graduação em Literatura. Nº 41, p. 288-295, 2016.

SILVA, Rodrigo Souza. *Intercessores do conceito de afeto na teoria deleuziana do cinema*. Intercom. Sociedade Brasileira de Estudos Interdisciplinares da Comunicação. XVII Congresso de Ciências da Comunicação na Região Sudeste. Ouro Preto, MG, 28 a 30/06/2012. Disponível em: <http://www.intercom.org.br/PAPERS/REGIONAIS/SUDESTE2012/> Acesso em: 20 jan. 2018.

SOUZA, Rosalete Fagundes de Aviz de. *Khilá*: (des)encontros da voz na travessia Brasil-Moçambique. Tese (Doutorado em Educação) – Faculdade de Educação, Universidade Federal de Santa Catarina, Florianópolis, 2012. 457.

XAVIER, Ismail. *O discurso cinematográfico*: opacidade e transparência. São Paulo: Paz e Terra, 2005.

A caminho do *Ngwenya*:
nótulas para "uma espécie de iniciação"

Lucca Tartaglia

I

Fortemente influenciado pelo neoplatonismo plotiniano, Agostinho, nas suas Confissões, declara que "a memória é como um estômago da mente, a alegria e a tristeza como alimentos doces e amargos: quando são enviados à memória, podem ser depositados ali como dentro de um ventre, mas não podem conservar o sabor" (AGOSTINHO, 2017, p. 265). O bispo de Hipona, assinalando a radical diferença entre mente e corpo – própria da linha de pensamento à qual, de certa forma, se vinculava[1] – afirma ainda:

> De fato, lembro que fui alegra sem ficar alegre; e me recordo de minha tristeza passada sem ficar triste; e sem medo rememoro que certa vez tive medo; e estou ciente, sem desejo, de meu desejo antigo. Às vezes, se dá até o contrário: relembro alegre minha tristeza extinta; triste, a alegria. Isso não é de admirar, quando se trata do corpo: com efeito, uma coisa é a mente, outra o corpo. Assim, não admira que eu lembre com prazer uma dor corporal que passou. (AGOSTINHO, 2017, p. 264)

A memória, transitando entre os movimentos de reter (conservar) e recordar, vem sendo objeto de estudo desde Platão – em *Filebo*, por exemplo – e Aristóteles – na *Metafísica* – passando por Kant, Hegel e Husserl, até

---
[1] O pensamento plotiniano, ao contrário do que defendia Aristóteles, além de negar as bases físicas do processo mnemônico – retentivo e recordativo –, considerava o corpo como um obstáculo. Cf. PLOTINUS. *The enneads*. Trad. Stephen Mackenna. London: Faber e Faber, 1962, IV, 3.

chegar em pensadores mais recentes, como Henri Bergson e Paul Ricoeur. Tomás de Aquino, na *Suma teológica*, a definiu – mantendo a ideia de receptáculo – como uma potência distinta da vontade e do entendimento (AQUINO, 2001); Hobbes, em *Do corpo*, tendendo mais para o fenômeno da recordação, declarou que é a percepção de já ter percebido (HOBBES, 1839); Bergson, em *Matéria e memória*, defendeu:

> A verdade é que a memória não consiste, em absoluto, numa regressão do presente ao passado, mas, pelo contrário, num progresso do passado ao presente. É no passado que nos colocamos de saída. Partimos de um "estado virtual", que conduzimos pouco a pouco, através de uma série de planos de consciência diferentes, até o termo em que ele se materializa numa percepção atual, isto é, até o ponto em que ele se torna um estado presente e atuante, ou seja, enfim, até esse plano extremo de nossa consciência em que se desenha nosso corpo. (BERGSON, 1999, p. 280)

No entanto, como Ricoeur salienta em *A história, a memória o esquecimento*, apesar das investigações que se ocuparam das operações mnemônicas através da história do pensamento ocidental, "Platão não se pergunta a quem a lembrança 'acontece'. Ao investigar a operação da recordação, Aristóteles não se indaga quanto ao operador da busca" (RICOEUR, 2007, p. 136). Os "sujeitos de atribuição da lembrança", como aponta o filósofo francês são, recorrentemente, deixados à margem. Para além do "eu" e dos "coletivos", para o autor de *Teoria da Interpretação*, há ainda um terceiro "sujeito":

> Não existe, entre os dois pólos da memória individual e da memória coletiva, um plano intermediário de referência no qual se operam concretamente as trocas entre a memória viva das pessoas individuais e a memória pública das comunidades às quais pertencemos? Esse plano é o da relação com os próximos, a quem temos o direito de atribuir uma memória de um tipo distinto. (RICOEUR, 2007, p. 141)

Será a partir dessa tríplice atribuição da memória – "a si, aos próximos, aos outros" – ou, ainda, dos três sujeitos de atribuição da lembrança – "eu, os coletivos, os próximos" –, que leremos a obra cinematográfica de Isabel Noronha, *Ngwenya, o crocodilo*, produção de 2007, sobre o pintor, artista plástico e poeta Malangatana Valente Ngwenya. No documentário, uma cadeia mnemônica complexa é construída – envolvendo memórias individuais, do próprio Malangatana e de Noronha; coletivas, ligadas à tradição ronga; e, em dado sentido, intersubjetivas – alicerçadas em testemunhos de pessoas próximas. Entendemos o conceito de "proximidade", no âmbito deste ensaio, como Ricoeur o definiu:

> Assim, a proximidade seria a réplica da amizade, dessa *philia*, celebrada pelos Antigos, a meio caminho entre o indivíduo solitário e o cidadão definido pela sua contribuição à *politeia*, à vida e à ação da *polis*. Do mesmo modo, os próximos estão a meio caminho entre o si e o se (apassivador) para o qual derivam as relações de contemporaneidade descritas por Alfred Schutz. (RICOEUR, 2007, p. 141)

Alfred Schutz, ainda de acordo com Paul Ricoeur, "dedica um importante estudo ao encadeamento formado conjuntamente pelos reinos dos contemporâneos, dos predecessores e dos sucessores" (RICOEUR, 2007, p. 140). Segundo o pensador:

> O reino dos contemporâneos serve de eixo: ele exprime "a simultaneidade ou a quase simultaneidade da consciência de si do outro com a minha"; em seu aspecto vivenciado, ele é marcado pelo fenômeno do "envelhecer junto" que põe em sinergia duas durações em desdobramento. Um fluxo temporal acompanha outro, enquanto eles duram juntos. A experiência do mundo compartilhada repousa numa comunidade tanto de tempo quanto de espaço. A originalidade dessa fenomenologia da memória compartilhada reside principalmente na superposição dos graus de personalização e, inversamente, de anonimato entre os pólos de um "nós" autêntico e o do "se" (partícula apassivadora), do "eles outros". Os mundos dos predecessores e dos sucessores estendem nas duas direções do passado e do futuro, da memória e da expectativa, esses traços notáveis do viver juntos decifrados primeiro no fenômeno de contemporaneidade. (RICOEUR, 2007, p. 140)

Em *Ngwenya, o crocodilo*, o tempo presente – agindo como lugar capital – reúne os sujeitos da tríade ricoeuriana, o mundo dos antepassados e das novas gerações, colocando em associação as várias "durações em desdobramento". Acerca do filme de Noronha, Carmen Lucia Tindó Ribeiro Secco, em seu artigo "Uma viagem pela vida e a obra de Malangatana Valente: cinema, pintura, literatura", publicado na revista *Cerrados*, aponta:

> O olhar cinematográfico trilha os caminhos afetivos da memória individual e coletiva do pintor e de Isabel. Ingressa no passado mítico e sagrado do Mestre, também poeta e curandeiro. Traz vivos, da primeira infância da cineasta, tanto a lembrança da ama negra que, carinhosamente, a embalara ao som de cantigas tradicionais, como o fascínio e o medo experimentado, quando miúda, diante dos monstros desenhados pelo pintor. São memórias afetivas as captadas pelo filme que, adotando uma perspectiva semelhante à conceituada por Walter Benjamin em relação ao lembrar, reafirma a ideia de que "um acontecimento vivido é finito, ou pelo menos encerrado na esfera do vivido, ao passo que o acontecimento lembrado é sem limites, porque é apenas uma chave para tudo que veio antes e depois"[2]. Dessa forma, a memória, ilimitada, comunga da imaginação e da fantasia, revisitando cenas do outrora com o poder das experiências afetivas armazenadas no inconsciente. (SECCO, 2016, p. 290)

A unidade da obra de Noronha é um conglomerado mnemônico multifário que conduz o espectador rumo a um lugar-outro, que o torna "próximo", e o apresenta a um conhecimento preambular do mestre Ngwenya e de sua obra plural. Em uma entrevista de 2011, a realizadora, evidenciando ainda mais o aspecto autoral da produção, declarou:

> Penso que esse filme marcou a minha trajetória como cineasta e como pessoa. É um filme, absolutamente, de autor. Foi uma das poucas vezes que consegui fazer um filme que quisesse fazer e como o quisesse fazer sem ter essas balizas de "objectivos de milénios" ou de um determinado programa social. (NORONHA, 2011)

No artigo supramencionado, tendo por base algumas postulações de Bill Nichols, em "A voz do documentário" – texto publicado na coletânea *Teoria contemporânea do cinema*: documentário e narratividade ficcional – e de Fernão Ramos, em *Mas afinal... o que é um documentário?* –, Secco defende que a obra de Isabel Noronha, no que diz respeito a uma classificação possível dentro das produções cinematográficas atuais, se aproximaria do "documentário pós-moderno", pois "inclui uma diversidade de narrativas audiovisuais complexas" (SECCO, 2016, p. 289-290) – uma das características salientadas por Ramos – e "apresenta um viés afetivo muito

---

[2] Cf. BENJAMIN, Walter. *Magia e técnica, arte e política*. Trad. Sérgio Paulo Rouanet. 7. ed. São Paulo: Brasiliense, 1994, p. 37.

forte, erigindo-se pela tensão entre o biográfico, o mítico, o histórico, o ficcional". Além disso, a pesquisadora ressalta que esse tipo de produção, "diferentemente do documentário clássico", "aborda casos pessoais, subjetividades sociais" – e, especificamente em *Ngwenya, o crocodilo*, a "realizadora assume a subjetividade de seu discurso, bem como a dos depoimentos de Malangatana Valente acerca de sua vida, família, arte e país" (SECCO, 2016, p. 290).

Assim, considerando a memória – com base nos três sujeitos de Ricoeur – o tempo presente como centro axial do encadeamento entre contemporâneos, predecessores e sucessores, bem como as colocações da cineasta e os apontamentos de Secco sobre o documentário, este ensaio tem por objetivo acompanhar os traços que Isabel Noronha vai levantando para nos guiar, para nos acompanhar na jornada inaugural pelo universo de Malangatana, como se nos desse nótulas para "uma espécie de iniciação" a caminho do Ngwenya.

Ao fim de uma entrevista concedida a Cristóvão Araújo, quando solicitada a usar "uma palavra para descrever o Mestre", Noronha responde: "Ngwenya, que significa crocodilo na língua ronga. Era assim que ele se apresentava" (NORONHA, 2011b). Se recorrermos ao método de Zeca Zonzo, em *O beijo da palavrinha* – livro de Mia Couto com ilustrações de Malangatana – e percorrermos o vocábulo desvendando, no vagar do traço, do risco e da linha, o simbolismo gráfico das letras, nós perceberemos que, em "Ngwenya", tudo começa com uma onda desperta: o "N" inicial pode ser lido, poeticamente, como uma onda erguida rumo ao céu, de crista robusta e elevada, "líquidas linhas que sobem" e se pregam no ar; tudo começa com um espanto que chega imenso e, depois da volta, cria asas, torna-se ave – transforma-se em "g"; uma gaivota mergulhada nela própria, uma gaivota que, no mar profundo e ancestral – um "w" –, busca por alimento e retorna, depois do giro, do arco e do feito, sabendo que as vagas, no avesso, são abismos, que as vagas são, vistas assim, penhascos de onde emergem os monstros "que julgávamos há muito extintos". No meio da palavra, porém, no meio do caminho, há um feiticeiro – um "e" de boca aberta – que, com um encantamento, traduz o que escapa aos olhos. Ele conta sobre a primeira onda e, à sua maneira, repete o movimento – "n" – e descreve, ao seu modo, o mergulho, mas, dessa vez, separa gesto e ave, para que o observador acompanhe o movimento da queda – "y" – e a gaivota ao fim, agora "pousada nela própria" – "a" – depois de assimilar o fruto da pesca, de misturá-lo ao próprio sangue, de transformá-lo, de compreendê-lo, possa ingressar na estrada nova.

II

Também assim – primeiro com um espanto e, depois, com um aprofundamento – se deu a relação de Noronha com o Mestre. Sobre os motivos que levaram à realização do filme, a cineasta aponta:

> Esta história é muito antiga. Remonta, no mínimo, aos meus seis anos, quando eu era colega da Cecília, filha do Malangatana. Fizemos toda a escola primária juntas, isto ainda no tempo colonial. Estudávamos em casa dela, no bairro do aeroporto. O ateliê do Mestre era também aí. Lembro-me que era um espaço relativamente pequeno. Eu adorava ir para lá e como vivia deste lado da cidade, no cimento, o meu contacto com o universo das pessoas negras resumia-se aos empregados domésticos de minha casa e à Cecília. Apesar de ser criança, quando encontrei o Malangatana, quando vi os seus desenhos e quando ouvi as suas histórias, comecei a entender que estava pela primeira vez perante uma pessoa que me poderia explicar em português esse universo. Com ele poderia fazer uma espécie de iniciação a esse universo. Por isso, o que me levou a fazer este filme foi a necessidade de querer conhecer esse universo ronga, que o Malangatana me apresentava daquela forma fantástica. (NORONHA, 2011b)

Dessa forma, pelas lembranças de Xiluwa – Isabel – o filme ganha início. A primeira cena mostra o pintor trabalhando e cantando, enquanto Noronha o assiste. Depois, surge na tela o primeiro mergulho, "a lembrança da ama negra que, carinhosamente", embala, "ao som de cantigas tradicionais", a cineasta – ainda pequena, antes da "idade das palavras". A narradora relata que, ao conhecer Malangatana, na infância, e ao ver os seus desenhos, pensou ter encontrado aquele que colocaria "imagens e palavras naquilo que", para ela, "eram só sensações sem nome".

Um pouco à frente, o artista vai até o túmulo de seus ancestrais, membros do clã Ngwenya, pedir autorização para que o documentário seja feito e a sua história de vida, assim como a de seus antepassados, seja divulgada. A profunda relação de respeito dedicada aos predecessores – e, como veremos, aos sucessores – aponta para uma memória coletiva, para uma tradição familiar[3] que se estabelece como fulcro mnésico da profusa estrutura geral e, fundamentalmente, mnêmica da obra.

Com a chegada de um recém-nascido, um rito de iniciação e boas vindas é preparado. A avó, segurando o bebê em uma das mãos e um pedaço de madeira em brasa na outra, pede que a mãe derrame um pouco de leite materno sobre a lenha incandescente e, depois, atira o objeto para longe, gesto "ali praticado com o intuito de fazer a criança crescer com correção, tradição e saúde" (SECCO, 2016, p. 291). Feito isso, a "mãe do menino mostra-o à lua, e a avó agradece a chegada do neto" (SECCO, 2016, p. 291). Tanto no assentimento pedido aos membros antigos do clã quanto na saudação prestada ao novo integrante, fica patente, através da "experiência de mundo compartilhada", uma clara visão de comunidade espaço-temporal e de vínculo transgeracional. A respeito do patronímico – entendido, especificamente, como "nome de família" – Ricoeur postula:

> Antes mesmo de levar em conta os motivos de fragilidade ligados ao confronto com outrem, seria preciso dar a devida atenção ao gesto que consiste em dar um nome àquele que vem ao mundo. Cada um de nós tem um nome que não deu a si mesmo, que recebeu de outro: em nossa cultura, um patronímico que me situa numa linha de filiação, um nome que me distingue na fratria. Essa palavra de outrem, depositada sobre uma vida inteira, ao preço das dificuldades e dos conflitos que se conhecem, confere um apoio de linguagem, um aspecto decididamente auto-referencial, a todas as operações de apropriação pessoal que gravitam em torno do núcleo mnemônico. (RICOEUR, 2007, p. 139)

Dessa forma, Noronha, nos quinze primeiros minutos da obra, estabelece o "núcleo mnemônico" em torno do qual gravitarão todos os elementos estruturadores e estruturantes do documentário. Após alguns episódios voltados para a instrução das crianças, o cotidiano rural da Matalana, o processo criativo do Mestre – quando, durante uma caminhada, ele vê um tronco queimado e imagina, a partir de seu formato, uma mulher e um crocodilo –, e "a tradição ronga de como cortejar uma mulher" (SECCO, 2016, p. 291), a narrativa se volta para memórias mais pessoais do artista e regressa para a Floresta de Wamachacanane, a casa dos feiticeiros.

---

[3] O adjetivo é aqui utilizado em *lato sensu*, apontando, ainda que indiretamente, para a noção ricoeuriana de "proximidade".

III

Ao retornar à Wamachacanane, que, segundo Malangatana, só teria sobrevivido em seu imaginário, o pintor conta sobre os feiticeiros que lá viviam, sobre o temor que todos tinham de atravessar a floresta, e sobre Bunhale, o amigo dos hipopótamos. O filme, assim, através do relato individual, "reinventa ritos, canções, a magia dos feiticeiros, donos da floresta sagrada moçambicana" (SECCO, 2016, p. 291) e corrobora para a compreensão de uma cosmologia própria do universo engendrado pelo Mestre. Com relação à memória declarada, Paul Ricoeur destaca:

> Em sua fase declarativa, a memória entra na região da linguagem: a lembrança dita, pronunciada, já é uma espécie de discurso que o sujeito trava consigo mesmo. Ora, o pronunciado desse discurso costuma ocorrer na língua comum, a língua materna, da qual é preciso dizer que é a língua dos outros. Ora, essa elevação da lembrança à palavra não se dá sem dificuldades. (RICOEUR, 2007, p. 138)

No caso do documentário, à questão da língua se soma não apenas o fato de ser a "língua dos outros", mas de ser, historicamente, a "linha dos outros-outros", ou seja, a língua dos "não-próximos", dos colonizadores, uma vez que, no filme, a narrativa se divide entre o português e o ronga, recorrendo, quando necessário, às legendas. No que concerne às memórias de Malangatana, Secco salienta:

> As reminiscências pessoais do pintor vão-se entrelaçando às cenas fílmicas que recriam a ancestralidade ronga. Malangatana recorda que salvara a mãe, mentalmente doente, quando ela tentara se enforcar com a própria capulana. Sua progenitora fora afiadora e tatuadora de donzelas da tradição. A imagem que guarda da figura materna é dela tecendo com miçangas, cantando e ensinando esse ofício às mulheres da aldeia. O Mestre adverte aos meninos, à sua volta, que tecer era uma tarefa feminina, enquanto aos homens cabia o trabalho de construir. Lembra que, entre os rongas, um homem só era considerado homem, quando possuía uma casa. Passa, então, a instruir os miúdos a erguerem casas com cordas e caniços. (SECCO, 2016, p. 291)

A seguir ao breve depoimento sobre sua mãe e a cena onde os "miúdos" são preparados para construir suas próprias casas com "cordas e caniços", a cena evocada mostra uma conversa entre o artista e seu primo, Belmiro, a partir da qual se lembram, ao verem as luzes da antiga Lourenço Marques no horizonte, de quando foram trabalhar na cidade e Malangatana aprendeu a pintar. A memória composta em cooperação com o próximo, o primo Belmiro, abre as "memórias de ofício", relacionadas, diretamente, com a carreira e a maturação do projeto estético-ideológico ligado à obra. O artista mostra onde construiu seu primeiro ateliê, conta sobre as mangueiras, cajueiros e mandioqueiras que, àquela época, ocupavam o espaço hoje ocupado pelas muitas casas do bairro, e relata sobre a segunda vez que a PIDE (Polícia Internacional e de Defesa do Estado), a polícia política portuguesa, o buscou e prendeu. A partir dessa lembrança, passa ao "sistema de vida" e ao condicionamento a que todos eram submetidos durante a "situação colonial", explicitando que, no seu caso, toda a opressão e os maus-tratos sentidos "na carne e na alma" tinham vazão na pintura e as figuras que no quadro surgiam amplificavam os murmúrios enclausurados no interior de cada um que experienciava a crueza, a negligência e a desumanidade daqueles tempos.

Em seguida, o pintor fala sobre a rica oportunidade que teve – ao trabalhar em muitos lugares e em ocupações muito diferentes – de entrar em contato com uma preciosa diversidade sócio-cultural e, dessa maneira, estar, ainda que inconscientemente, em uma passagem pela "universidade da vida moçambicana", conhecendo melhor o preto, o mulato, o maometano, o indiano, o chinês, o português, o francês, etc. O artista compara a sua arte a uma calça remendada com muitos trapos, que, apesar dos remendos – vários pensamentos, várias formas de conduzir e de criar conflitos – cumpre a função de cobrir-lhe o corpo, criando a possibilidade de atender aos interesses de Moçambique sem, no entanto, se esquecer do que foi a sua infância, com seus amigos na Matalana. Sobre a natureza multifacetada do Mestre e de sua produção, Noronha frisa:

> O traço que me chamava mais atenção no Malangatana, e que procurei trazer para o filme, foi a tentativa de ele não se deixar classificar. Ele não colocava rótulos naquilo que fazia e isso era muito perceptível na tentativa de estabelecer uma espécie de equilíbrio entre o mundo da tradição, que ele continuava a habitar profundamente, e a modernidade na qual se movimentava enquanto artista. O facto de ele ter um pé de cada lado fazia com que, criativamente, conseguisse estar na vida encontrando as respostas que fossem necessárias em cada momento. Se a resposta para expressar o seu inconsciente era a pintura então pin-

tava, se alguma coisa lhe surgia mais em palavras escrevia, se estava numa situação em que precisava de falar numa forma que não fosse tão formal contava uma história ou cantava uma música. Tenho por isso muita dificuldade em classifica-lo. (NORONHA, 2011b)

A obra de Malangatana, – assim como o documentário de Isabel Noronha – ganha corpo e forma a partir das memórias pessoais, coletivas e filiais[4] em contínua interlocução dentro do encadeamento composto, concomitantemente, pelo passado, o futuro e o presente. Os tempos e os espaços em diálogo cooperam para a ressignificação e reinterpretação dos signos que volteiam e perpassam as contemporaneidades, dando ao espectador instrumentos alternativos para a leitura do mundo.

IV

Com pouco mais de uma hora, uma roda, formada por pessoas próximas de Malangatana, ganha a cena. O intuito do círculo é compartilhar lembranças, dividir memórias com e sobre os outros membros. Segundo Ricoeur, esses "próximos" acrescentam, "contemporaneidade do envelhecer junto", "uma nota especial referente aos dois 'acontecimentos' que limitam uma vida humana, o nascimento e a morte. O primeiro 'escapa' à memória do indivíduo, o segundo, 'barra' seus projetos" (RICOEUR, 2007, p. 141). O momento dessa reunião é, seguramente, o que com mais clareza exemplifica, no documentário, a construção da memória pelo "próximo". Ainda sobre os portadores dessa proximidade, o filósofo francês ressalta:

> Alguns poderão lamentar minha morte. Entretanto, antes, alguns puderam se alegrar com meu nascimento e celebrar, naquela ocasião, o milagre da natalidade, e a doação do nome pelo qual, a partir de então e durante toda a minha vida, designarei a mim mesmo. Entrementes, meus próximos são aqueles que me aprovam por existir e cuja existência aprovo na reciprocidade e na igualdade da estima. (RICOEUR, 2007, p. 141-142)

---

[4] Apesar da palavra, etimologicamente, se ligar ao elemento de composição de origem latina -fil(i)-, e a étimos distintos – a saber, *filum*, "fio", e *filius*, "filho" – utilizamos, durante o texto, para nos referirmos à memória dos atribuídas aos "próximos", apontada por Ricoeur, ligando, semanticamente, o vocábulo português, "filial", ao grego, *phílos*, "amigo", tendo em vista que o próprio filósofo francês compara a noção de "proximidade" à *philia*, "amizade". Cf. CUNHA, Antônio Geraldo da. *Dicionário etimológico da língua portuguesa*. Rio de Janeiro: Lexikon, 2010, p. 292-293.

Na ocasião, um dos integrantes da roda traz a lume a origem do sobrenome – do "nome de família" – e do clã. De acordo com o homem, eles vêm de longe, de Ussapa, e, antigamente, as grandes cerimônias eram preparadas pela família Ngwenya. Esclarece, também, que não se sabe, com precisão, o porquê de terem esse nome, mas talvez fossem comedores de crocodilos. Outras histórias são contadas por outros membros, sobre a infância, a juventude, as caçadas e a generosidade do Mestre, ampliando ainda mais a densa rede mnemônica que sustenta e comporta o conjunto das memórias. Estendendo a noção de "proximidade", Paul Ricoeur cita Agostinho e acrescenta:

> O que espero dos meus próximos, é que aprovem o que atesto: que posso falar, agir, narrar, imputar a mim mesmo a responsabilidade de minhas ações. Aqui, mais uma vez, Santo Agostinho é o mestre. Leio no décimo Livro das *Confissões*: "Espero essa conduta da alma fraterna (*animus* [...] *fraternus*) e não da estrangeira, não dos "filhos de uma outra raça cuja boca proferiu a vaidade e cuja direita é uma direita de iniquidade", mas a alma fraterna, a que ao me aprovar (*qui cum approbat me*) se alegra comigo e ao me desaprovar se entristece comigo; pois que, quer me aprove ou me desaprove, ela me ama. Eu me revelarei (*indicabo me*) a pessoas como essas" (*Confissões*, X, IV, 5). Por minha parte, incluo entre meus próximos os que desaprovam minhas ações, mas não minha existência. (RICOEUR, 2007, p. 142)

O próximo ricoeuriano, por conseguinte, se dilata para além dos limites da solidariedade, da fraternidade apontada por Agostinho, chegando às fronteiras de uma coexistência tolerável, de uma convivência plausível entre indivíduos. Com base nessa perspectiva, a ideia de "próximo" – nos seus mais variados graus de "proximidade" – pode chegar até o limiar extremo da *philia*.

Seguindo com o documentário, Mia Couto, o poeta e prosador moçambicano, surge para dar o seu depoimento sobre o Mestre. O autor de *Vozes anoitecidas* revela que a obra do pintor muito tinha ajudado, no princípio de sua escrita, a problematizar, sonhar e conhecer a "mestiçagem como constituinte da multifacetada e híbrida identidade moçambicana" (SECCO, 2016, p. 292). Em uma entrevista, Couto, ao falar sobre a obra de Malangatana, declara:

> Estes rostos repetidos até a exaustão do espaço, estas figuras retorcidas por infinita amargura são imagens deste mundo criado por nós e, afinal,

contra nós. Monstros que julgávamos há muito extintos dentro de nós são ressuscitados no pincel de Malangatana. Ressurge um temor que nos atemoriza porque é o nosso velho medo desadormecido. Ficamos assim à mercê destas visões, somos assaltados pela fragilidade da nossa representação visual do universo. (COUTO apud SECCO, 2016, p. 293)

A obra *O beijo da palavrinha*, escrita por Mia Couto e ilustrada por Malangatana – da qual o escritor, no documentário, lê alguns trechos – traz a história de Zeca Zonzo, um menino "desprovido de juízo", e Maria Poeirinha, sua irmã, "menina das margens", que sonhava em conhecer o mar. No princípio deste ensaio, fizemos referência, sem maiores explicações, ao livro e aos personagens de Couto. Agora, já mais perto do fim, citamos o fragmento que, retornado, dá mais luz – esclarece – o que, em início, pareceu sombra e só. Zonzo rabisca em um papel a palavra mar e, tomando nas mãos os dedos "magritos" da irmã, começa a conduzi-los pelo traço das letras:

– É um "m".
E sorriam os dois, perante o espanto dos presentes. Como se descobrissem algo que ninguém mais sabia. E não havia motivo para tanto espanto. Pois a letra "m" é feita de quê? É feita de vagas, líquidas linhas que sobem e descem.
[...]
– E essa outra letrinha, essa que vem a seguir?
– **Essa a seguir é um "a".**
– É uma ave, uma gaivota pousada nela própria, enrodilhada perante a brisa fria.

(COUTO, 2012, p. 20-22)

Feito Poeirinha a percorrer, com a ponta dos dedos, a realidade gráfica do mar, conduzida pela mão do "mano Zonzo", seguimos, de lento a lento, na estrada por onde nos leva o olhar de Isabel Noronha, reconhecendo, aos poucos, as linhas e os contornos que cada um levantou para compor a história.

V

Malangatana abre um baú, uma mala contendo objetos de sua tradição, como explica a Percina, e dos seus, uma arca, que vem dos tempos passados, para recordar os ancestrais. Em seguida, apresenta a Casa Sagrada, um lugar para guardar e acomodar o que aprendeu, um lugar para que os espíritos vivam em paz e recebam, igualmente em paz, a sua exposição. A narrativa começa, a partir desse instante, a esboçar um movimento de retorno que, muito sutilmente, já se anunciava desde a reunião para a partilha de histórias. O respeito aos ancestrais, que fora mostrado nas primeiras cenas da obra, retorna com o pedido de "bênção", ou, nos mesmos termos da solicitação anterior, de autorização para a mostra que ocorreria. A respeito dessa cena, Secco destaca:

> O pintor, por meio desses objetos sagrados, agradece aos antepassados. Sabe que estes deviam ser sempre cultuados, pois eram a fonte em que sua arte havia bebido. Tinha consciência, também, de que devia celebrar Pancho Guedes que o educara, o colocara em contato com outras artes e o incentivara a pintar as raízes moçambicanas. (SECCO, 2016, p. 294)

Malangatana explicita a importância que Guedes teve na sua educação e, tanto mais, no retorno da sua arte às tradições, às raízes da cultura ronga. O episódio da exposição, que começou com um convite aos espíritos do clã Ngwenya, chega ao fim com uma cerimônia tradicional, com muita dança e música.

O documentário, completando o seu movimento – feito uma gaivota que, ao fim, "pousada nela própria", depois de assimilar o fruto da pesca, de misturá-lo ao próprio sangue, de transformá-lo, de compreendê-lo, ingressa na estrada nova – se encerra com o Mestre cantando e pintando, como no início da obra.

VI

Soprando um cisco miúdo que, antes da experiência, nos atrapalhava os olhos, como se corrigisse uma avaria qualquer, Isabel Noronha fecha o documentário depois de nos ensinar, letra a letra, através das memórias conjugadas, os riscos e as pistas – as nótulas – para uma rápida peregrinação pelo amplo universo de Malangatana Valente, para os primeiros passos de uma viagem iniciática a caminho do Ngwenya.

Referências

AGOSTINHO. *Confissões*. Trad. Lorenzo Mammì. São Paulo: Penguin Classics Companhia das Letras, 2017.

AQUINO, Tomás. *Suma de teología*. Trad. José Martorell Capó. Madri: Biblioteca de autores cristianos, 2001.

ARISTÓTELES. *Metafísica*. Trad. Leonel Vallandro. Porto Alegre: Editora Globo, 1969.

BAMBA, Mahomed; MELEIRO, Alessandra (Org). *Filmes da África e da diáspora*: objetos de discursos. Salvador: EDUFBA, 2012.

BERGSON, Henri. *Matéria e memória*: ensaio sobre a relação do corpo com o espírito. Trad. Paulo Neves. São Paulo: Martins Fontes, 1999.

COUTO, Mia. *O beijo da palavrinha*. Lisboa: Editorial Caminho, 2012.

HOBBES, Thomas. Of sense and animal motion. In: *The English works of Thomas Hobbes of Malmesbury*. v. I. London: John Bohn, 1839, p. 387-410.

NORONHA, Isabel. "A era da resistência cinematográfica". *Sapo notícias*, 2011. Disponível em: <https://goo.gl/1XXmVB. Acesso em: 06 dez. 2017.

_____. Isabel Noronha e Malangatana 'Ngwenya, o Crocodilo'. *Sapo notícias*, 2011b. Disponível em: <https://goo.gl/ZhuN9R> Acesso em: 06 dez. 2017.

_____. NGWENYA, O CROCODILO. Documentário. 90 min. Maputo: Ébano Multi¬mídia, 2007. Disponível em: <https://www.youtube.com/watch?v=sAyyPhljCY0> Acesso em: 23 set. 2017.

PLATÃO. *Filebo*. Trad. Carlos Alberto Nunes. Belém: UFPA, 1974.

RICOEUR, Paul. *A memória, a história, o esquecimento*. Trad. Alain François. Campinas: Editora da Unicamp, 2007.

SECCO, Carmen Lucia Tindó. "Uma viagem pela vida e a obra de Malangatana Valente: cinema, pintura, literatura". In: *Cerrados* – Revista do Programa de Pós-Graduação em Literatura, n. 41, 2016, p. 288-295.

Ngwenya, o crocodilo:
fotogenia e afetos no cinema de Isabel Noronha

Ana Lidia da Silva Afonso

O documentário *Ngwenya, o crocodilo* (2007) surgiu de um desejo de infância da cineasta moçambicana Isabel Noronha. Na escola conheceu Cecília, filha de Malangatana, e estreitaram os laços de amizade. Nessa época, Isabel começava a viver seus primeiros dilemas existenciais: sentia que pertencia a um mundo que não conhecia e nem podia nomear. Quando foi apresentada ao artista e teve contato com as pinturas dele, acreditou que pudesse encontrar respostas para suas inquietações que apareceram com a "idade das palavras". Isabel diz: "achei que tu tinhas chegado para pôr imagens e palavras naquilo que para mim eram só sensações sem mundo" (NORONHA, 2007). Trinta anos mais tarde, a convite do próprio Malangatana, faz a travessia do espaço urbano para o rural, dando ao espectador a oportunidade de conhecer um pouco sobre a vida do artista moçambicano, da história da família Ngwenya e sobre o universo ronga.

Há no texto de Isabel Noronha algo latejante e urgente. Narrativa fílmica construída através de imagens que conformam o espaço como universo sensorial, o documentário apresenta cenas que assumem dimensões simbólicas, convidando o leitor a mergulhar na história à procura de outras reflexões para além do que está expresso. Conforme Marcel Martin, unir visível e invisível foi um dos recursos usados desde o início para dar originalidade à linguagem cinematográfica, propondo que o espectador ultrapasse a leitura imediatista:

E a sua originalidade vem essencialmente do seu poder total, figurativo e evocador, da sua capacidade única e infinita de mostrar simultaneamente o invisível e o visível, de visualizar o pensamento ao mesmo tempo em que o vivido, de conseguir a fusão do sonho com o real, da volatilidade imaginativa e da evidência documental, de ressuscitar o passado e atualizar o futuro. (MARTIN, 2005, p. 26)

Ngwenya, o crocodilo insere-se no rol dos projetos cinematográficos que, por sua originalidade, apresenta imagens figurativas que têm o poder de evocar lembranças de uma Moçambique complexa, que não pode ser apreendida de maneira simplista. A capacidade de fundir sonho com o aparentemente real, instigando a imaginação de quem assiste, faz com que o filme se constitua como leitura de prazer, propiciando no espectador o desejo de seguir as ideias do seu próprio corpo, de acordo com Roland Barthes (2008), pois o corpo do leitor não possui as mesmas ideias que ele. Barthes entende que o contato do corpo não só com a literatura, mas também com a música e a fotografia tem o poder de alterar as percepções da realidade discursiva. Essa ideia de Barthes dialoga com a noção de afeto como duração do tempo em que o ser vive os estados do corpo, relação entre sujeito e objeto, conforme Deleuze. Afecções que colocam o leitor em suspensão, pausa do movimento para deixar fruir os pensamentos.

Como toda produção fílmica, o documentário de Isabel Noronha estrutura-se a partir de imagens isoladas que são selecionadas seguindo o critério de perfectibilidade que, na visão de Walter Benjamim (1994), não se configura mais como algo que busque um valor de eternidade, mas, em contrapartida, passa a ter função política. As sequências que vão sendo tecidas ao longo da película surgem como imagens que ardem "pelo desejo que a anima, pela intencionalidade que a estrutura, pela enunciação, inclusive a urgência que manifesta" (DIDI-HUBERMAN, 2012, p. 216). Desejo e intencionalidade associam-se à necessidade urgente de refletir sobre como se estabelecem as relações de afetos num país que se constitui como um mosaico cultural.

O olhar atento e astuto por trás da câmera capta imagens que aguçam a imaginação do espectador, suscitando ponderações que ajudam a pensar na configuração de um corpo social plural e na necessidade de releitura do conceito de moçambicanidade.

Segundo Carmen Secco, o cinema-documentário na África é uma tendência que tem auxiliado na "revisitação crítica das raízes identitárias que foram esgarçadas e silenciadas pelas colonizações opressivas que, em geral, não respeitaram as culturas locais" (SECCO, 2016, p. 289). Muitos são os momentos que as memórias revivem o passado, solicitando que o leitor lance um olhar crítico sobre o processo de construção de identidades, não só no que se refere aos silêncios provocados pelo colonialismo, mas no que diz respeito às influências de culturas diversas em convívio na sociedade moçambicana.

A linguagem cinematográfica poética utilizada no filme cria o que Marcel Martin diz ser uma realidade estética de valor afetivo. Ao dinamizar as imagens produzidas ao longo do documentário, Isabel Noronha utiliza o conceito de fotogenia, recurso estético utilizado para ressaltar o "aspecto poético extremo dos seres e das coisas", conforme define Louis Delluc (*apud* MARTIN, 2005, p. 32). As imagens criadas têm o poder de gerar afetos como potência, forças em constante devir, conforme entende Deleuze. Esse texto tem o objetivo de pensar sobre os efeitos fotogênicos produzidos no filme e na maneira como eles auxiliam no alcance de potências afetivas capazes de afetar e tocar o espectador.

O olhar fotogênico por trás da câmera

Ao ponderar sobre o conceito de fotogenia como base para o desejo de transformar a aparência, Raquel Fonseca (2010), recupera a origem do vocábulo fotogênico, que é formado pela palavra *luz* (phôs) e da raiz grega (genês) *engendrar*. Nesse sentido, "tudo que engendra luz é fotogênico e a fotogenia pode manifestar-se de diferentes maneiras" (FONSECA, 2010, p. 100). Termo intrínseco da fotografia em intersecção com o cinema, o conceito de fotogenia é salientado em 1919 por Louis Delluc como técnica cinematográfica de efeito estético capaz gerar poesia nas imagens fílmicas. Consideram-se fotogênicos quaisquer aspectos dos seres ou das coisas que tenham seu caráter moral ampliado pela reprodução fílmica.

Nas teses essenciais de Jean Epstein, cineasta francês, apresentadas por Maria Irene Aparício, destacam-se os conceitos de movimento e fotogenia. Segundo Epstein (*apud* APARÍCIO, 2015), "imponderável", a fotogenia está estreitamente ligada ao movimento e ao grande plano ou primeiro plano. Sendo esse último, considerado expressão máxima da fotogenia do movimento. No cinema, o enquadramento do rosto enquanto imagem em primeiro plano revela o mais alto grau de produção de afetos. Em *Ngwenya, o crocodilo* muitos são os momentos em que o registro das imagens é feito em primeiro plano. Dois deles são marcantes pela imensa carga de afetos que produzem no espectador.

Num desses instantes, o *close* do rosto de Malangatana aparece na tela enquanto ele relata os problemas de saúde e a morte de sua mãe. O olhar da câmera em plano fechado registra a expressão de tristeza do artista ao rememorar os cuidados maternos, as preocupações que ela tinha com sua educação e seu futuro, e os laços espirituais que os uniam e que fizeram com que ele sentisse o momento do falecimento dela.

Em outra sequência, na tela, em grande plano, aparece o rosto de Isabel Noronha. Momento marcante do início da película que evidencia de forma clara que quem observa recorre à fotogenia para criar uma realidade estética de valor afetivo, escolhendo e compondo imagens carregadas de subjetividade. Segundo Ismail Xavier:

> O primeiro plano de um rosto ou de qualquer outro detalhe implica na admissão da presença virtual do corpo. De modo mais geral, pode-se dizer que o espaço visado tende a sugerir sua própria extensão para fora dos limites do quadro, ou também a apontar para um espaço contíguo não visível. (XAVIER, 1984, p. 13)

O entendimento de que o plano do rosto implica a admissão virtual do corpo tem a função de potencializar o aspecto poético dos seres e das coisas no documentário. O olhar que ela lança sobre o trabalho do artista transmite serenidade e admiração. Na sequência, vira-se para a esquerda, dando lugar às recordações da infância, memórias de um tempo tão vivo, "de um presente ávido pelo passado" (BOSI, 2003, p. 20), ao qual sabe que não pode mais pertencer, mas que descreve de maneira vivaz como a época da inocência, fase em que se sentia protegida, embora fosse como uma frágil flor. Lembranças dos tempos de menina curiosa com a amiga Cecília, chegando timidamente ao ateliê para saber mais sobre a arte de Malangatana, acerca dos "monstros com sangue" que a amedrontavam, mas ao mesmo tempo despertavam nela o desejo de compreendê-los melhor. Essas sequências são os únicos momentos em que Isabel Noronha – a menina Xiluwa – aparece de fato como uma das personagens da narrativa fílmica. Mas convém ressaltar que, conforme Xavier, o registro de seu rosto em primeiro plano deixa marcada sua presença virtual durante todo o percurso.

O valor afetivo das imagens fílmicas

A linguagem poética que permeia o documentário tem o mesmo sentido dado à poesia, por Edgard Morin (2003), que entende seu significado para além da expressão literária como algo que tem o poder de mover nossas vidas no cotidiano. Poesia traduzida na forma sábia conforme Malangatana não só transita, mas também consegue fundir elementos culturais de diferentes espaços. Poesia expressa nas palavras do artista ao referir-se aos aprendizados adquiridos na "universidade da vida". Poesia que se manifesta por meio dos afetos recordados e vividos ao longo do documentário.

Em *Ngwenya, o crocodilo*, desde a primeira sequência do documentário, a proposta do observador parece ser a de quem quer produzir imagens poéticas, conforme a concepção de Louis Delluc. A câmera começa seu registro num plano fechado, considerado na linguagem do cinema como enquadramento que revela intimidade e expressividade. O objeto em evidência é uma tela em processo de criação com o desenho que se assemelha com folhagens e são sobrepostas pela imagem de folhas de uma árvore que balançam ao vento, movimento que cria um espetáculo de luz e sombras. A sombra que se opõe à luz pode ser lida simbolicamente como caráter fugidio e mutante das coisas, da vida e da própria narrativa fílmica que está sendo construída. Uma folha seca cai na tela e logo Malangatana canta ao som dos pássaros. Nesse instante, temos a fusão de movimento e som, elementos que evidenciam o poder que as imagens produzidas têm em tocar o real, conforme entende Didi-Huberman (2012).

Um plano mais detalhado mostra as mãos de Malangatana na atividade criadora. Mãos que podem ser lidas como elemento simbólico que sintetiza seu percurso, pois através delas o artista se tornou conhecido mundialmente. Mãos capazes de criar, através de sua arte, laços que transcendem espaços e temporalidades. Na sequência, Malangatana aparece em primeiro plano, enquadramento normalmente usado para evidenciar expressões, semblantes, gestos, fisionomias e emoções. Essas cenas são carregadas de poesia e com grande potência afetiva, capaz de afetar o espectador, estimulando-o a interagir com o texto, pois, conforme afirma Deleuze, o poder de ser afetado "não significa passividade, mas afetividade, sensibilidade, sensação" (*apud* SILVA, 2012, p. 02). Pensando na força dos afetos como algo dinâmico, pode-se notar que a cineasta propõe com muita sutileza que o espectador a acompanhe nas suas andanças, utilizando mecanismos fotogênicos para fazer com que as imagens produzidas toquem o leitor.

No cotidiano da família Ngwenya a vida acontece, contudo o espaço rural já não pode ser pensado em relação dicotômica com o espaço urbano. É nesse povoado, registrado pela câmera como local onde a vida parece seguir seu curso sem grandes impasses, que tudo está inscrito. A dinâmica do tempo e a sua capacidade de alterar a configuração local funde elementos da tradição com traços da modernidade.

As memórias de Malangatana evocam a floresta Wamachacanane com seus sons de aves noturnas e histórias de feiticeiros. Sequências de imagens que, por meio dos movimentos, sons e cores, instigam a imaginação do espectador, aproximando-o das crenças locais. Na igreja construída em alvenaria, edificação que contrasta com as cabanas, a celebração matutina segue costumes semelhantes aos cultos evangélicos, com cânticos em louvor à morte de Deus na cruz para salvar a todos. Há aí uma hibrifação de religiosidades. As crianças aprendem desde cedo que devem cumprir suas tarefas, separadas de acordo com o sexo. Os meninos aprendem a construir suas casas para mostrarem que são homens. As meninas, cozinham, buscam água, bordam. Mas caminhar para a escola também faz parte da rotina diária, local onde adquirem conhecimentos e têm aulas de música. Ao redor do vovô Malangatana, recebem as primeiras lições de pintura em tela, enquanto escutam histórias rememoradas pelo artista sobre as vivências com seus ancestrais.

Dentre os afetos sentidos em relação a Malangatana, destacam-se: respeito, admiração e intimidade. O culto aos antepassados é evidente não só nas sequências em que o pintor pede permissão aos espíritos dos ascendentes já falecidos para que a Isabel Noronha e sua equipe ingressem no universo ronga e conheçam a história dos Ngwenya, mas também na da exposição de suas obras de arte em oferta e agradecimento aos ancestrais por tudo que fizeram por ele. Afeições ressaltadas no discurso do artista ao afirmar que a cineasta vai mostrar para todos como ele foi bem educado para seguir a vida com retidão, sem esquecer as origens. Lições aprendidas que revelam o sentimento de gratidão do artista, perceptível na maneira como valoriza e cuida dos seus – ele jamais se esqueceu de voltar à sua aldeia, não só para continuar bebendo da fonte de sua cultura, mas para investir na melhoria da qualidade de vida de sua parentela.

O registro de imagens que evidenciam a convivência harmoniosa de Malangatana com o seu lugar de nascimento ressalta a ideia de pertencimento que ele tem em relação ao grupo e ao espaço vivido. Elo percebido metaforicamente por meio da ligação erótica imaginada entre ele, o crocodilo, e um tronco em forma de mulher. Familiaridade expressa por meio das memórias coletivas das muitas histórias da infância do artista, relembradas à volta da fogueira, num tradicional ritual de contação de histórias: *Karingana ua karingana*.

Ter os pés fincados na terra de nascença, valorizar a família e todos os ensinamentos que recebeu foram as bases para sobreviver na cidade. As memórias das condições de vida nos tempos coloniais registram afetos negativos de quem sentiu na carne e na alma as situações de opressão. Contudo, Malangatana resolve "transformar isso em obra de pintura para poder falar muito mais do que os murmúrios que havia nas pessoas" (*apud* NORONHA, 2007). O fato de ter sido preso duas vezes pela PIDE por entenderem que suas pinturas apresentavam uma linguagem subversiva não o impediu de seguir em frente. Ao contrário, tais experiências demonstram, mais uma vez, o quanto foi sábio para entender que "há tempo de semear, deixar crescer e colher", palavras usadas pelo próprio Malangatana no filme em questão e que nos remetem à *Bíblia Sagrada* (1994), ao livro de Eclesiastes-3, no trecho que diz haver tempo para todos os propósitos debaixo da terra.

Ngwenya, o crocodilo surge num momento em que Malangatana já havia semeado a terra e os frutos crescidos estão prontos para a colheita. E parte dos frutos resultantes da semeadura em terra fértil é recolhida ao longo da narrativa fílmica, como ocorre, por exemplo, nas sequências em que Mia Couto agradece ao mestre Malangatana por ter sido tão importante em sua trajetória como escritor, ajudando-o a compreender melhor as tradições, o contexto rural e os significados da pintura do artista que, segundo o escritor, é um convite para sonhar.

O diálogo entre os dois artistas, o uso do primeiro plano para marcar os afetos expressos no rosto de ambos, auxiliam na compreensão de como os mecanismos de seleção das imagens têm o poder de gerar enunciados que cumprem uma função política, conforme Walter Benjamim, pois nenhuma imagem é escolhida aleatoriamente. A ênfase dada por Mia Couto à relevância da convivência com Malangatana ajuda-o a melhor compreender seu lugar como cidadão moçambicano e cumpre o papel de levar o leitor a (re)pensar o lugar da moçambicanidade.

Essa parte da película pode ser lida como o momento em que a cineasta começa a tecer os últimos fios da narrativa fílmica. As inquietações de Isabel Noronha, as dificuldades de nomear seus sentimentos em relação ao mundo em que vive são respondidas, de certa forma, por meio das reflexões de Mia Couto. Diante da influência de tão ricas contribuições culturais, não é mais possível dizer que "aqui está o que é um moçambicano puro" (*apud* NORONHA, 2007). *O beijo da palavrinha* (2006), livro escrito por Mia Couto e ilustrado por Malangatana, é um texto que contribui para a reflexão sobre o intenso entrelaçamento cultural existente no país. Obra marcada pelo encontro entre voz e letra, resultante de um projeto que pretendia resgatar contos tradicionais africanos, inserida no contexto do filme, traz a história da personagem Poeirinha e o seu desejo de conhecer o mar antes de morrer, instigando o espectador a também desfrutar da arte de imaginar.

Poeirinha vivia numa aldeia no interior de Moçambique, assim como também vivia a família *Ngwenya*. São lugares onde se conservam muitos costumes da tradição. Apesar de nunca ter saído de seu local de nascimento, perto da morte, Poeirinha sente vontade de conhecer o mar que, para tio Jaime Litorâneo, "lhe havia aberto a porta para o infinito" (COUTO, 2006). No limite da vida, o oceano surge como fonte de esperança e de possibilidade de reinvenção. O mar que representa a dinâmica da vida, lugar de nascimento, metamorfose e renascimento, na narrativa de Mia Couto, também tem o poder de curar e transformar:

> Certa vez, a menina adoeceu gravemente. Num instante, ela ficou vizinha da morte. O tio não teve dúvida: teriam que a levar à costa.
> – Para que se cure, disse ele.
> Para que ela renascesse tomando conta daquelas praias de areia e onda. E descobrisse outras praias dentro dela.
> (COUTO, 2006, p. 12)

A personagem Poeirinha, educada nos costumes tradicionais, pode ser lida metaforicamente como corpo da nação, que carrega os traços mais autênticos das raízes identitárias. Contudo, moribundo, o corpo necessitava do contato com o mar, cumprindo um ritual de renascimento para descobrir outras praias dentro dela – outras nações dentro da nação. Conforme expresso na própria narrativa, pegar o barco e seguir o fluxo da correnteza é ingressar na "salvadora viagem".

No documentário, o enquadramento em primeiro plano capta as imagens de dois meninos de costas olhando a imensidão do mar. Na sequência, um plano aberto cria a sensação de infinitude do oceano, convidando o espectador a imaginar o que os espera na outra margem. Ainda que não se saiba o lugar aonde a viagem levará, ela se faz necessária para os que querem enfrentar os desafios e encontrar caminhos possíveis que dêem sentidos para um conceito de moçambicanidade que acolha a diversidade. Ao fazer um percurso que aparenta atender mais suas necessidades pessoais, Isabel Noronha trilha caminhos que se revelam indispensáveis também para Malangatana, Mia Couto e todos que enxergam a sociedade moçambicana com olhos voltados para além do horizonte.

Referências

APARÍCIO, Maria Irene. "As teses de Jean Epstein: uma breve introdução". In: *Revista de Arte, Ciência e Comunicação*, Lisboa: ano IX, n. 18, dez. 2014/jun. 2015.

BARTHES, Roland. *O prazer do texto*. Trad. J. Guinsburg. São Paulo: Perspectiva, 2008.

BENJAMIN, Walter. *Magia e técnica, arte e política*: ensaios sobre literatura e história da cultura. Trad. Sergio Paulo Rouanet. 7. ed. São Paulo: Brasiliense, 1994.

BÍBLIA, Português. *A bíblia sagrada*: antigo e novo testamento. Trad. João Ferreira de Almeida. Edição rev. e atualizada no Brasil. Brasília: Sociedade Bíblia do Brasil, 1969.

BOSI, Ecléa. *O tempo vivo da memória*. 2. ed. São Paulo: Ateliê Editorial, 2003.

COUTO, Mia. *O beijo da palavrinha*. Rio de Janeiro: Língua Geral, 2006.

DIDI-HUBERMAN, Georges. "Quando as imagens tocam o real". Trad. Patrícia Carmello e Vera Casa Nova. In: *Revista do Programa de Pós-Graduação em Artes da UFMG*. Belo Horizonte: v. 2, n. 4, p. 204-219, nov. 2012.

FONSECA, Raquel. "A fotogenia como fundamento do desejo de transformação da aparência". In: *Revista Porto Arte*. Porto Alegre: v. 17, n. 28, maio 2010.

MARTIN, Marcel. *A linguagem cinematográfica*. Trad. Lauro Antonio e Maria Eduarda Colares. Lisboa: Dinalivros, 2005.

MORIN, Edgard. *Amor, poesia, sabedoria*. Trad. Edgar de Assis Carvalho. Rio de Janeiro: Bertrand, 2003.

SECCO, Carmen Lucia Tindó Ribeiro. "Uma viagem pela vida e a obra de Malangatana Valente: cinema, pintura, literatura". In: *Cerrados – Revista do Programa de Pós-Graduação em Letras*, Brasília: n. 41, p. 288-295, 2016.

_____. *Afeto, literatura e cinema*: representações da História em obras literárias e filmes de Angola, Moçambique e Guiné-Bissau. Disciplina ministrada no âmbito do Programa de Pós-Graduação em Letras Vernáculas, UFRJ, na Faculdade de Letras, no primeiro semestre de 2017.

SILVA, Rodrigo Souza. Intercessores do conceito de afeto na teoria deleuziana do cinema. In: *XVII Congresso de Ciências de Comunicação na Região Sudeste* (28 a 30 de junho de 2012). Anais eletrônicos. São Paulo: Intercom, 2012. Disponível em: <http://www.intercom.org.br/PAPERS/REGIONAIS/SUDESTE2012/resumos/R33-1470-1.pdf> Acesso em: 12 jul. 2017.

XAVIER, Ismail. *O discurso cinematográfico*: a opacidade e a transparência. 2. ed. Rio de Janeiro: Paz e Terra, 1984.

Filmografia

NGWENYA, O CROCODILO. Isabel Noronha. Documentário, 90 min, cor. Maputo: Ébano Multimídia, 2007.

Cinema e literatura sobre os campos de reeducação em Moçambique

Carla Tais dos Santos

O movimento pela independência liderado pela Frente de Libertação de Moçambique (FRELIMO) "elaborou um discurso e uma estratégica contra o colonialismo português dentro de um modelo bem particular de luta: incorporaram questões específicas da identidade africana, aliado a um discurso enquadrado aos paradigmas marxistas" (VISENTINI, 2012, p. 91).

Contribuiu para a gestação deste pensamento o treinamento que os primeiros combatentes da FRELIMO tiveram na Argélia em centros de formação e campos militares chamados de *Nashingwea*. Com base nessa experiência, a FRELIMO avançou criando as "zonas libertadas" por todo país (THOMAZ, 2008, p. 184). Em síntese, a experiência consistia na criação de *machambas* comunais: grandes áreas de cultivo agrícola, com experimentos militares, comunitários, sociais e ideológicos considerados laboratórios da futura nação. "Surgia assim da luta definida como socialista, contra o imperialismo e contra o colonialismo, o ideal da construção de uma nova sociedade para um novo homem" (LIMA, 2011, p. 33).

Contudo, em 7 de novembro de 1974, a FRELIMO desencadeia, durante o governo de transição e em conjunto com as forças portuguesas, a então denominada Operação Limpeza. Os militares bloquearam a boêmia rua Araújo e outras adjacentes do Centro de Lourenço Marques, hoje Maputo, com o propósito de deter "agitadores e marginais", afetando sobretudo as trabalhadoras do sexo que atuavam na região. Ao final da Operação Limpeza foram detidos 284 indivíduos, dos quais 192 eram mulheres e 92 homens. Das mulheres detidas, 142 foram transportadas para destino não revelado sob escolta do Exército Popular de Libertação. Entre os homens, 50 ficaram detidos na capital. Os demais foram soltos. A esmagadora maioria das mulheres presas, soube-se depois, foram enviadas para os chamados campos de reeducação, localizados em regiões distantes da capital do país (THOMAZ, 2008, p. 178).

Nove anos depois, em 1983, ocorre a *Operação Produção*, uma ação policial de natureza repressiva destinada a enviar para zonas rurais com baixa densidade demográfica, em particular ao Niassa, os sujeitos das grandes cidades que viviam na delinquência, no ócio, no parasitismo, na marginalidade, na vadiagem, na prostituição. O propósito seria transformá-los em "elementos úteis, trabalhadores dignos, cidadãos cumpridores dos seus deveres cívicos, responsáveis merecedores de aceitação social" (*idem*, p. 191). Através do trabalho disciplinado, desapego material, superação de antigas lealdades e comportamento moral inatacável, esses sujeitos seriam "reeducados" e estariam aptos a fazer parte deste ideal de homem novo, no qual todo o moçambicano deveria se transformar. Estima-se que entre 50 mil e 100 mil pessoas tenham sido deportadas para o Niassa. Lá, concentrados em campos, deveriam *machambar* ao longo do dia e ter aulas de marxismo-leninismo no final da tarde (*ibidem*, p. 191).

Em 1995, a reportagem corajosa do jornalista José Pinto Sá, intitulada *Campos da Vergonha*, revelou histórias e imagens de torturas e abusos cometidos nos campos de reeducação. Chicotadas, humilhações, fome, morte são palavras pequenas para descrever o horror dos "escravos sem dono", abandonados a própria sorte, muitos exterminados pela Resistência Nacional Moçambicana (RENAMO), movimento de oposição à FRELIMO, que provocou uma guerra civil de 16 anos em pleno processo de consolidação da independência.

Rompendo o silenciamento

Não à toa, o tema dos campos de reeducação é pouco visitado pela tradição literária e cinematográfica de Moçambique. Afinal, como olhar para a ferida e arrancar dela o véu que silenciou parte dolorida de uma forte história de resistência ao colonialismo?

Fruto da experiência que Ungulani Ba Ka Khosa teve ao longo da década de 1980, quando era um jovem professor peregrinando pelos campos de reeducação, surgiu em 1999 o livro de contos *Histórias de amor e espanto*, e em 2002 o romance *No reino dos abutres*, relançado em 2013 com nova versão e título chamado *Entre memórias silenciadas*. Da primeira à última obra inspirada na vivência nos campos se passaram 14 anos, tempo que não se sabe suficiente para curar um trauma que só quem o viveu pode dimensionar.

A jornalista Fernanda Gallo descreve bem a atmosfera que marcou o lançamento das *Memórias*:

> Em uma noite de agosto de 2013, Ungulani Ba Ka Khosa lançou seu sétimo livro, no Museu de Artes Naturais, em Maputo, Moçambique. Estavam presentes personalidades locais, incluindo parte do alto escalão do governo. Seu discurso foi árido e produziu uma incômoda analogia entre o atual contexto político moçambicano e o contexto do livro: o das questionáveis ações empreendidas no pós-independência.
>
> [...] Ungulani Ba Ka Khosa e outros escritores moçambicanos contemporâneos produzem uma literatura, de certa forma, desencantada com a utopia do pós-independência. Suas obras demonstram os conflitos e, sobretudo, a distância existente entre os governantes da FRELIMO, no poder desde 1975, das formas de ser/crer dos povos moçambicanos. (GALLO, 2015, p. 293)

Fato é que para o cineasta Licínio Azevedo não foi preciso pisar nos campos para que o assunto o revirasse. Em 1978, uma fotografia de uma prostituta sendo escoltada por dois militares fardados, intitulada *A Última Prostituta* e captada pelo moçambicano Ricardo Rangel, inspirou-o a realizar um documentário com o mesmo nome lançado em 1999. Treze anos depois, o documentário motivou o cineasta a fazer um segundo filme, desta vez de ficção, chamado *Virgem Margarida*, lançado em 2012. Tanto um quanto o outro não foram exibidos de imediato em Moçambique. Lançado no Festival de Cinema de Toronto, e depois de passar por muitos outros festivais, finalmente *Virgem Margarida* chegou às salas de cinema de Maputo em 2014 (MENDES, 2014).

Em entrevista, Azevedo explica esse *delay* de modo aparentemente contraditório:

> Quando eu fiz *A Última Prostituta*, que deu origem à *Virgem Margarida* que era um filme, que era um tema tabu, não é? Eu fiz esse filme há 10 anos, era tabu porque era sobre esse processo de reeducação que foi muito violento. [...] então quando o filme ficou pronto coincidiu com o processo de eleições, como eu fui sempre simpatizante do partido

> FRELIMO, foi o partido que fez a libertação e tal, pediram que não passasse o filme naquele momento, que não passasse na televisão, pronto aceitei, porque era um momento em que iria parecer provocação.
>
> Quando a *Virgem Margarida* saiu, agora há quatro ou cinco anos, o meu produtor estava com um pouco de receio. Ficção tem muito mais impacto do que um pequeno documentário. O filme passou primeiro fora e teve repercussão, depois fez-se a estreia em Moçambique: absolutamente normal, ninguém ficou melindrado no poder, o filme ficou lá normalmente. Então eu acho que não há esse tipo de imposição. (CABECINHAS; PEREIRA, 2016, p. 1034)

Contudo, para além de Khosa e Azevedo, apenas mais um escritor teve o tema como fonte de inspiração. Em *Campo de trânsito*, publicado em 2007, João Paulo Borges Coelho conta a história de J. Mungau, um homem que desperta em plena madrugada para ser detido por um agente policial do Estado sem que seja revelado o motivo da sua detenção. Desse modo, o protagonista amanhece em uma cela que logo é substituída por uma viagem, que parece "eterna" (COELHO, 2007, p. 39), até o campo de trânsito. Como prisioneiro, Mungau então toma conhecimento de outros dois campos: o Antigo e o Novo. Os conflitos pela disputa de poder que transitam entre os espaços, objetos e as personagens criam uma permanente atmosfera de tensão que move todo o romance.

Destaca-se que, diferente das obras de Khosa e Azevedo, *Campo de trânsito* não faz nenhuma referência a datas, locais e fatos reais, questão que motiva intensos debates sobre a relação da obra de Borges Coelho com os campos que efetivamente existiram em Moçambique. Com efeito, o próprio autor esclarecerá: *Campo de trânsito* flerta "com a realidade dos campos de reeducação do nosso passado socialista", mas, desde o princípio visa a algo mais geral: "num certo sentido é mais abstrato que os livros anteriores e procura colocar algumas questões relativas ao absurdo na nossa civilização global" (FONSECA, 2017, p. 100, *apud* COELHO, 2010).

Ainda que o filme *Virgem Margarida* e o romance *Entre memórias silenciadas* tenham em comum referências factuais aos campos, em muito se diferenciam na construção de suas narrativas, personagens e espaços. Porém, mesmo que os recursos sejam diferentes e próprios das distintas linguagens, ambas as obras expressam com intensidade a violência e o silenciamento aos quais suas personagens são submetidas.

Cinema e literatura nos campos de reeducação

O filme de Azevedo concentra-se em quatro personagens femininas: Rosa, Margarida, Susana e Maria João. As três primeiras foram detidas na rua Araújo e levadas para um campo no Niassa sob a "acusação" de serem prostitutas. Margarida, porém, diferente das demais, não trabalhava como profissional do sexo. Vinda do interior, ela buscava um enxoval para seu casamento quando, desafortunadamente, passou pela famosa rua da capital e foi detida. Já Maria João é a combatente responsável pelo campo que recebe as "delinquentes".

A tensão da história se dá, sobretudo, pelos conflitos oriundos dos questionamentos das detentas aos *modus operandis* do funcionamento e da ideologia que sustenta o campo comandado por Maria João. A narrativa se desencadeia de forma linear. Não há cenas de *flashback* e a história acontece dentro de uma ordem cronológica com início, meio e fim. Também não há um narrador que é personagem. A câmera se movimenta como um olho onisciente, que tudo observa, contribuindo para o movimento das cenas e envolvendo os espectadores. A comoção é provocada pela interpretação das atrizes, pela montagem dinâmica, pelo cuidado com a fotografia e iluminação que a trágica história do filme revela.

O livro de Khosa, por sua vez, divide-se em três núcleos narrativos. No campo de reeducação no Niassa estão Gil, Armando e Tomas. Gil fora detido por denunciar o autoritarismo e questionar as estruturas do regime; Armando por se autodeclarar homossexual e maconheiro; e Tomas, antigo combatente do exército de libertação, por tribalismo e regionalismo, em outras palavras, por defender a diversidade e permanência de identidades, línguas e culturas tribais. O segundo núcleo é formado por outros quatro homens que vivem na capital: Pedro, irmão de Gil, e seus amigos boêmios Mário, José e Antônio. O terceiro núcleo, por fim, é formado pela avó de Pedro e Gil, a matriarca da família Chibindzi, dona de terras isoladas e esquecidas em meio à mata. Somam-se a ela Jonasse, o moço do pastoreio, e Feniasse, "moça de encantos perdidos na lepra e na espera [...] do homem predestinado a possuí-la pela primeira vez nos seus vinte e cinco anos" (KHOSA, 2013, p. 19).

A narrativa do livro se estrutura na alternância dos acontecimentos em torno dos núcleos protagonizados pelos irmãos Pedro e Gil, sendo que o núcleo da avó surge apenas na abertura e fechamento do romance. Diferente da linearidade do filme de Azevedo, a narrativa de Khosa estrutura-se na tensão permanente entre presente e passado, cidade e campo, prisão e liberdade, saúde e doença, velhice e juventude, modernidade e tradição, entre outros elementos. Esse jogo de paradoxos provoca o leitor a diluir "o passado no presente, a ficção na realidade, fazendo da literatura um vivaz espaço para o debate político" (GALLO, 2015, p. 293).

Nota-se que a narração é definida pela voz individualizada de Gil quando estamos no Niassa, e assume o distanciamento da terceira pessoa quando se volta para Pedro, que está na cidade. Essa diferença não diminui o peso do poder autoritário que recai sobre Gil e Pedro, assim como sobre os demais sujeitos ficcionais que "figuram as diferentes subjetividades e memórias policiadas pelo Estado" (LIMA, 2011, p. 35). Porém, ao usar a primeira pessoa para a narrativa de Gil, o autor aproxima o leitor da personagem, criando um efeito de fusão que intensifica a experiência do campo de reeducação para o leitor com relação aos demais espaços apresentados na obra. O leitor passa a testemunhar, em primeira pessoa, o trauma vivenciado pela personagem.

Outro elemento importante da narrativa é a escolha por organizar os capítulos à maneira de uma orquestra de marimbas, também chamada de *ngodo*. Composta por um conjunto de *timbila*, plural do instrumento *mbila*, a manifestação cultural é típica da etnia *chope*, da província de Gaza, sul de Moçambique, território que abrigou a resistência do império de Ngungunhane à colonização portuguesa, história do consagrado *Ualalapi* de Khosa. O desfecho final do romance, somado a essa escolha como elemento estruturante da obra, indicam um olhar do autor pela tradição como eixo estruturante da modernidade.

Além disso, o *ngodo* nos remete "a uma idealizada estrutura harmônica, na qual o encontro de vozes simultâneas, em instigante polifonia, representaria uma espécie de espaço democrático ideal" (TEIXEIRA, 2013, p. 157). Contudo, ao ler o romance percebe-se que "[...] se o *mutsitso* inicial (Introdução Orquestral) e *mutsitso* final (Encerramento Orquestral) correspondem ao primeiro e último capítulo da obra, os demais andamentos, indefiníveis, revelam sujeitos tornados objetos em processo de angustiante desistência, assim como a cultura *chope*. [...] as *timbilas* desafinam, o coro sufoca, os dançarinos sustentam-se como podem, sobre corpos mutilados" (*idem*, 2013, p. 160).

É dentro desta narrativa desconcertante que nos deparamos com parágrafos formados por um único período de até 23 linhas, diálogos representados na vertical e horizontal, orações que se sobrepõem à pontuação, fusão da escrita com o fluxo da oralidade. Trata-se de um texto que se costura por retalhos, nem sempre combinantes, por vezes confusos, especialmente quando quem nos fala é Gil, o narrador testemunho. Sobre esses aspectos, Seligmann-Silva observa que a literalização e fragmentação são as duas características centrais do discurso testemunhal; "ele é ainda marcado por uma tensão entre *oralidade* e *escrita*. O testemunho também é um momento de tentativa de reunir os fragmentos dando um nexo e um *contexto* aos mesmos" (SELIGMANN-SILVA, 2005, p. 85).

Pensando na relação entre literatura e cinema, e considerando a definição de que um filme é constituído de sequências – "unidades menores dentro dele, marcadas por sua função dramática e ou pela sua posição narrativa" (XAVIER, 2005, p. 27), onde cada sequência seria constituída de cenas (partes dotadas de unidade espaço-temporal – "sendo que o plano corresponde a cada tomada de cena, ou seja, a extensão do filme compreendida entre dois cortes, o que significa dizer que o plano é um segmento contínuo da imagem" (*idem*, p. 27); pode-se dizer que *Entre memórias silenciadas* seria um filme com planos panorâmicos formados por sequências de cenas psicológicas, contínuas e sem cortes. Algo muito diferente de *Virgem Margarida*. Como o próprio Azevedo define: "meu filme tem 1.200 planos, 150 cenas... cinema para mim é uma dinâmica" (CABECINHAS; PEREIRA; 2016, p. 1038).

Arte manifesto sobre violência e resistência

Ainda que as estruturas narrativas das obras sejam diferentes, a abordagem sobre a violência ao qual suas personagens são submetidas é igualmente comovente, sobretudo diante da evidente contradição que as insígnias "frente de libertação" (FRELIMO) e "resistência nacional" (RENAMO) evocam ao punirem, torturarem, sequestrarem, prenderem e matarem sem um eficiente sistema jurídico capaz de garantir o direito de defesa às vítimas e justa penalidade aos algozes. Assim, no filme, Rosa questiona o soldado do governo sem obter qualquer resposta: "diz lá o que eles querem conosco, camarada militar?" (00:05:23); "Porra, estamos aqui há horas e ninguém nos diz nada!" (00:05:28); "Esses gajos não me conhecem, estão a brincar com o perigo. Levam-nos para aonde afinal, porra! Carregam e não dizem nada, parecem uns animais!" (00:07:40).

Destino pior ocorreu a Armando, personagem do romance, que aos 20 anos sente-se "incapaz de seguir a carreira militar" e decide mentir ao assumir-se usuário de maconha e homossexual sem jamais imaginar que a "dose" (KHOSA, 2013, p. 63) para os seus "delitos" seria o envio para os campos de reeducação. Dois anos no Niassa foram suficientes para animalizar o jovem. Assolado por *matacanhas* (bichos-de-pé), ele locomove-se como um "lagarto pré-histórico, arrastando penosamente o ventre pela areia" (*idem*, p. 63). Apenas quando fumava cigarros feitos de estrume seco de elefante, "droga permitida porque não testada como alucinógeno", o jovem "adquiria feição humana" (*ibidem*, p. 63).

Contudo, horror quem viveu foi João Chaúque, outra personagem de Khosa. Depois de ser castrado dentro de um ônibus "em termos artesanais por um bando de homens armados" acabou "confinado ao tratamento médico em zona cinzenta do Hospital Central de Maputo" por ter pretensões capitalistas ao "fazer e vender para o sustento a mobília que sai do suor" (*ibidem*, p. 129-130). Além de Chaúque, muitos outros foram mutilados no mesmo *machimbombo* Oliveira e Transportes: do mecânico fizeram das suas coxas "o leito da morte", de outro "deceparam-lhe a cabeça", de uma senhora "tiraram-lhe o seio", a outro "cortaram-lhe uma perna" e "muitos foram raptados. Ficou ele e outros estropiados como testemunhas da carnificina". O motivo? "Fora a Inhambane, a pedido de seu irmão diplomata, para organizar a *mhamba*, cerimônia de proteção ao clã, com evocação aos espíritos ancestrais" (*ibidem*, p. 130).

Essas e outras passagens de *Entre memórias silenciadas* e *Virgem Margarida* lembram cenas do filme *A respeito da violência* (2014), do diretor sueco Göran Hugo Olsson. Produzido com base em imagens de arquivo recentemente descobertas do período da luta de libertação do domínio colonial, entre 1960 e 1970, e em trechos do livro *Os condenados da terra*, de Frantz Fanon (1968), entre outras cenas, o filme mostra uma jovem mulher, negra, mutilada, amamentando seu bebê também mutilado, uma forte imagem sobre a luta pela vida diante da iminência da morte.

Para além da resistência violenta, armada, da qual Fanon é signatário, há a resistência silenciosa, simbólica. No filme de Azevedo quem parece operar nessa dimensão é a personagem Margarida. A jovem noiva e virgem, confundida com as prostitutas e levada ao Niassa por estar sem documentos, simboliza a resistência da pureza, das mulheres do campo, que diferente das que vieram da cidade, não se opõe frontalmente às ordens da comandante Maria João, mas sabe dos segredos da mata e é a única capaz de guiar as demais para a liberdade. No romance de Khosa, a resiliência da personagem do velho Tomás – de poucas, mas sábias palavras – é quem ocupará este lugar de silenciosa resistência.

Para além da homenagem a então viva pintora e escultora Bertina Lopes (Lourenço Marques, atual Maputo, 11 de Julho de 1924 - Roma, 10 de fevereiro, 2012), uma ativista da luta pela independência de Moçambique, o velho Tomas em muito nos lembra outro pintor, Malangatana Valente Ngwenya (Matalana, distrito de Marracuene, 6 de junho de 1936 - Matosinhos, 5 de janeiro de 2011). Preso pela Polícia Internacional e de Defesa do Estado Português (PIDE) devido às suas relações com a FRELIMO, Malangatana realiza uma obra que se caracteriza por figuras fantasmagóricas e diaceradas que compõem o fragilizado e amedrontado universo onírico de Moçambique, como bem registra o filme *Ngwenya, o crocodilo* (2007), de Isabel Noronha. Assim, o velho Tomás transmuta morte em beleza e faz, do "presente sem futuro" dos campos desumanizados e petrificados pela morte, pequenos portais sensíveis da diversidade e da criação humana.

Sendo assim, seriam as obras de Azevedo e Khosa manifestos sobre violência e resistência ao silêncio e esquecimento do que se passou nos campos de reeducação? Seriam elas também um meio de enfrentar o trauma e ressignificar a História?

Desvelar a memória para ressignificar a História

Segundo o crítico uruguaio Hugo Achugar, a memória nacional, a memória coletiva é resultado de processos de luta por espaços de poder: "Estávamos e estamos convencidos de que havia e há uma instância de constituição, e de batalha pelo poder que se concentra no âmbito configurado pela problemática da memória" (ACHUGAR, 2006, p. 171). Na argumentação do crítico, a memória coletiva seria resultado das disputas entre a memória popular/pública e a memória oficial, também chamada por João Paulo Borges Coelho de memória política (COELHO, 2015, p. 156). Assim, Achugar defende que o debate sobre a memória é fundamental para entender os modos como as nações foram imaginadas.

Com efeito, o cinema jogou um grande papel e recebeu um considerável investimento para a construção de um imaginário nacional nos primeiros anos da Independência. Em entrevista concedida ao periódico *Estudos Ibero-Americanos*, Azevedo declara: "Um país sem imagem, sem cinema, é um país sem memória" (CABECINHAS; PEREIRA, 2016, p. 1027). Assim, se em Angola foi a literatura que, principalmente, inspirou a luta, tendo sido um poeta, Agostinho Neto, o primeiro presidente da nação independente; em Moçambique foi, sobretudo, o cinema a linguagem privilegiada para construção subjetiva da nova nação.

Já em 1969, o Departamento do Trabalho Ideológico (DTI) da FRELIMO havia criado um setor de imagem. Os trabalhos visavam o registro factual dos momentos que serviam à história da vida do movimento de libertação. Com a independência, em 25 de junho de 1975, a iniciativa evoluiu para a fundação do Instituto Nacional de Cinema (INC). O lema era "produzir a imagem do povo para restituir ao povo". José Luís Cabaço explica:

> A produção do INC, nestes primeiros tempos, inteiramente processada no país e a preto e branco, traduziu-se em documentários que procuravam registrar e fazer conhecer o novo Moçambique. Ainda em 1976 se concebeu um filme mensal que deveria captar e analisar experiências locais e levá-las ao resto do país, tornando-as acessíveis ao maior número possível de moçambicanos. O *Kuxa Kanema* (o nascimento do cinema), era este o seu título, era um produto diferente dos habituais "jornais cinematográficos". [...] Nele, mais do que nos documentários, se refletia o debate dos cineastas moçambicanos sobre os conteúdos a incluir, os problemas éticos inerentes ao uso do meio naquelas circunstâncias e as questões estéticas e de linguagem que permitissem equilibrar a qualidade intrínseca da produção com a sua acessibilidade ao novo público a que se destinava. Pretendia-se pôr em prática o lema do novo cinema nacional. (CABAÇO, s.d.)

Mais tarde, em 2003, a cineasta Margarida Cardoso, fez da história do *Kuxa Kanema* um documentário de mesmo título. Na obra destaca-se a especial consciência que o novo presidente, Samora Machel, tinha sobre o poder da imagem e de como utilizá-la para construir uma nova nação socialista. Para isso, as unidades de cinema móvel vão mostrar por todo o país o jornal cinematográfico *Kuxa Kanema*. Ao final do documentário somos surpreendidos pelo fato de que hoje pouco resta do grande legado que o INC deixou. Destruído por um incêndio em 1991, do edifício sobraram apenas as salas e os corredores abandonados. Num anexo apodrecem, esquecidas, as imagens que são o único testemunho dos onze primeiros anos de independência, os anos da revolução socialista. É através destas imagens e das palavras das pessoas que as filmaram que seguimos o percurso de um ideal de país que se desfaz, pouco a pouco, com o ideal de um cinema para o povo.

Contudo, se os filmes e as suas histórias se perderam, a memória não. A influência do INC continua a ser sentida até os dias de hoje, atravessando gerações que marcam a produção artística atual em Moçambique. Os próprios Azevedo e Khosa são ex-realizadores do INC. Segundo Yerushalmi, "a historiografia não pode substituir a memória coletiva nem criar uma tradição alternativa que possa ser partilhada" (YERUSHALMI, Yosef, 1998. *Apud*: SELIGMANN-SILVA, 2003, p. 62-63), porque a História se atém aos fatos, às provas que constituem a linha do tempo oficial de uma nação. Já a memória não. É sobre essa tênue diferença que incide a possibilidade da construção de um imaginário coletivo pela memória. É a memória que pode questionar e ressignificar a visão do "cenário da nação como único e homogêneo" (ACHUGAR, 2006, p. 156), iluminando um lugar de negociação de diferentes discursos, de contendas entre atores sociais diversos, em constante processo de construção e recomposição de paisagens várias, e, consequentemente, "para pensar o lugar dos sujeitos e das vozes que foram silenciadas e esquecidas pela narrativa única" (LIMA, 2008, p. 32).

O desafio estaria em construir múltiplos cenários da memória em narrativas que se definissem como contra-memórias e que, por isso, questionem a memória nacional oficial (ACHUGAR, 2006, p. 174). Assim, o estudo das memórias silenciadas seria necessário para "elaborar possíveis modos de narrar o passado, em perspectivas que possibilitem a encenação da memória democrática no espaço de disputa em que se configura a memória nacional" (LIMA, 2008, p. 32).

É a partir dessa chave que o filme *Virgem Margarida* e o romance *Entre memórias silenciadas* se apresentam como obras que, motivadas pela memória, ressignificam, através do rico tecido das linguagens artísticas, as histórias que as inspiraram e a própria História de Moçambique. O desfecho final que as encerra também aponta para essa ressignificação. No filme, as mulheres, combatentes e prisioneiras, unem-se na implosão do campo ao qual se prendiam por fios e paredes invisíveis. No livro, Pedro se liberta dos pesadelos que tinha ao encontrar-se com a sua avó. Com o fim dos campos, Gil, por sua vez, tenta retomar algum lugar perdido, dentro e fora de si, entre a vida que teve antes e depois dos campos. Nos três casos não há um final feliz e não sabemos ao certo sobre o que será da vida das personagens no futuro. Como diz a epígrafe que abre o capítulo *Njiriri, Final dos Dançarinos*, "quem constrói a casa da felicidade futura, edifica o cárcere do presente" (KHOSA, 2013, p. 191).

No entanto, ainda que tímida, há uma esperança: a de que trágicas histórias como as que conhecemos em *Virgem Margarida* e *Entre memórias silenciadas* jamais sejam esquecidas e, portanto, revividas. Parafraseando o movimento Tortura Nunca Mais, um dos mais representativos na denúncia de violência e desaparecimentos durante a ditadura militar no Brasil, as obras de Azevedo e Khosa existem "para que nunca se esqueça, para que nunca mais aconteça". De forma muito sutil, pode-se ler esse desejo expresso na dedicatória do livro, "aos que pereceram por ideias nunca esconjuradas", e na epígrafe de Kundera que abre o segundo capítulo, *Mutsitso - 2a Introdução Orquestral*, "*tout será oublié et rien ne será repare*"

(KHOSA, 2013, p. 11), que em uma tradução literal significa "tudo será esquecido, nada será reparado", mas que em uma interpretação mais livre pode ser tomado como "se nada for reparado, tudo poderá ser esquecido".

Sendo assim, nos deparamos com um paradoxo: tanto Azevedo quanto Khosa presentificam o passado ao mesmo tempo em que desejam que esse passado nunca mais se torne o presente. Sobre essa contradição, Seligmann-Silva alerta que "o tempo certo para se esquecer e o tempo certo para se lembrar pode levar à ideia inocente de que podemos controlar nossa memória" (SELIGMANN-SILVA, 2003, p. 61). Para o crítico essa seria uma pretensão da historiografia: "ela – na sua versão moderna – se quer não apenas imparcial e fria, mas também capaz de arquivar todos os acontecimentos" (*idem*, p. 61). Já o registro da memória é, sem dúvida, mais seletivo e opera na área cinzenta entre "lembrança e esquecimento, no tecer e destecer" dos eventos. Assim devemos "'nos lembrar de esquecer', do mesmo modo que não devemos esquecer de lembrar" (*ibidem*, p. 62). É, portanto, nas brechas desses fragmentos, reminiscências de nossas vidas, sonhos que tivemos não sabemos se acordados ou dormindo, que a arte se colocará, presentificando o que se imagina no passado para ser invenção do presente e do futuro.

Referências

ACHUGAR, Hugo. *Planetas sem boca*: escritos efêmeros sobre arte, cultura e literatura. Trad. Lyslei Nascimento. Belo Horizonte: EDUFMG, 2006.

CABAÇO, José Luís. "Ruy Guerra no nascimento do cinema moçambicano". In: *La furia umana*. Disponível em: <http://www.lafuriaumana.it/index.php/archives/63-lfu-30/662-jose-luis-cabaco-ruy-guerra-num-breve-panorama-do-cinema-mocambicano-no-seculo-xx> Acesso em: 29 maio 2018.

CABECINHAS, Rosa; PEREIRA, Ana Cristina. "Um país sem imagem e um país sem memória...".Entrevista com Licínio Azevedo. *Estudos Ibero-Americanos*. Revista da PUCRS. Porto Alegre: v. 42, n. 3, p. 1026-1047, set./dez. 2016.

COELHO, João Paulo Borges. "Abrir a fábula: questões da política do passado em Moçambique". In: *Revista Crítica de Ciências Sociais*. Coimbra: 106 (106): 153 a 166, maio 2015.

_____. *Campo de trânsito*. Lisboa: Editorial Caminho, 2007.

FANON, Frantz. *Os condenados da terra*. Trad. José Laurentino de Melo. Rio de Janeiro: Civilização Brasileira, 1968.

FONSECA, Ana Margarida. "Líquidas Fronteiras – representações dos rios em As duas sombras do rio e Campo de Trânsito". In: CAN, Nazir Ahmed; GOULD, Isabel A. Ferreira; KHAN, Sheila; SIMAS-ALMEIDA, Leonor; SOUZA, Sandra (Orgs). *Visitas a João Paulo Borges Coelho*. Leituras, diálogos e futuros. Lisboa: Edições Colibri, 2017, p. 100.

GALLO, Fernanda. "Deslocamentos populacionais na Província de Tete, Moçambique". In: *Revista Scripta*. Belo Horizonte: 19 (37): p. 293-295, 2 sem. 2015.

KHOSA, Ungulani Ba Ka. *Entre memórias silenciadas*. Maputo: Alcance Editores, 2013.

LIMA, Rainério dos Santos. "Memórias indesejadas: os campos de reeducação na ficção de Ungulani Ba Ka Khosa". In: *Revista Eletrônica Literatura e Autoritarismo*. Santa Maria: 18: p. 31-39, jul.-dez. 2011.

MENDES, Dulcina. "Filme *Virgem Margarida* relata história de Moçambique durante a independência". Disponível em: <http://www.expressodasilhas.sapo.cv/cultura/item/42848-filme-virgem-margarida-esta-em-cartaz-no-cine-praia-ate-amanha> Acesso em: 29 maio 2018.

SÁ, José Pinto. Campos da Vergonha. "A história inédita dos centros de reeducação em Moçambique". In: *Público Magazine*. Lisboa: 277: p. 28-30, 25/06/1995.

SECCO, Carmen Lucia Tindó. "Afeto, literatura e cinema: representações da História em obras literárias e filmes de Angola, Moçambique e Guiné-Bissau". Disciplina ministrada no âmbito do Programa de Pós-Graduação em Letras Vernáculas, UFRJ, na Faculdade de Letras, no primeiro semestre de 2017.

SELIGMANN-SILVA, Márcio. *História, memória e literatura*: o testemunho na era das catástrofes. Campinas: Editora Unicamp, 2003.

_____. *O local da diferença*. Ensaios sobre memória, arte, literatura e tradução. São Paulo: Editora 34, 2005.

TEIXEIRA, Vanessa Ribeiro. "Ungulani Ba Ka Khosa e a Orquestra da Violência". In: Revista *Metamorfoses*. Rio de Janeiro: 12.1/12.2: p. 157, dez. 2013.

THOMAZ, Omar Ribeiro. "Escravos sem dono: a experiência social dos campos de trabalho em Moçambique no período socialista". In: *Revista de Antropologia*. São Paulo: 51 (1): p. 177-214, 2008.

VISENTINI, Paulo Fagundes. *As revoluções africanas*: Angola, Moçambique e Etiópia. São Paulo: Editora Unesp, 2012.

XAVIER, Ismail. *O discurso cinematográfico*: a opacidade e a transparência. São Paulo: Paz e Terra, 2005.

Filmografia

A RESPEITO DA VIOLÊNCIA. Direção: Göran Hugo Olsson. Produção: A Story Production. Co-produção: Louverture Films, Final Cut for Real, Helsinki Filmi, Sveriges Television. Suécia (SWE): 2014. Cópia de DVD da Faculdade de Letras da UFRJ.

KUXA KANEMA: O NASCIMENTO DO CINEMA. Direção: Margarida Cardoso. Produção: Filmes do Tejo. Co-produção: RTP, ARTE France e RTBF Televisão Belga. Portugal (PT): 2003. Disponível em: <https://www.youtube.com/watch?v=MhDTLXWbW9k> Acesso em: 11 maio 2017.

NGWENYA, O CROCODILO. Direção: Isabel Noronha. Produção: Ébano Multimédia. Co-produção: Filmes de Fundo. Moçambique (MZ): 2007. Disponíel em: <https://www.youtube.com/watch?v=sAyyPhljCY0.> Acesso em: 29 maio 2017.

VIRGEM MARGARIDA. Direção: Licínio Azevedo. Produção: Ébano Multimédia. Co-Produção: Ukbar Filmes, JBA Productions, Dreadlocks. Maputo (MZ): Distribution Marfilmes, 2012. Disponível em: <https://www.youtube.com/watch?v=-6dj_eaBqBc> Acesso em: 15 jun. 2017.

Literatura e Cinema Moçambicanos:
Margaridas – imagens da prostituta em José Craveirinha e em Licínio Azevedo

Marlene dos Anjos

A proposta deste ensaio é efetuar uma interpretação do filme *Virgem Margarida*, de Licínio Azevedo, em diálogo com o poema "Mulata Margarida", de José Craveirinha. Serão as imagens, percebidas visualmente e as sugeridas poeticamente, que darão suporte à nossa leitura, considerando-se o direcionamento de olhares do poeta e do cineasta para aspectos sociais e não outros do quotidiano urbano que nos faz entender o material artístico e a intenção de comunicação que se estabelecem entre as realidades dos contextos colonial, no caso do poema de Craveirinha, e pós-colonial, no que diz respeito ao filme de Licínio, que, tendo sido lançado em 2012, focaliza acontecimentos à volta de 1975, ano da independência de Moçambique.

Em "Mulata Margarida", poema pertencente ao livro *Xigubo* (1964), de José Craveirinha, o tom narrativo e a dinâmica produzida pelas figuras humanas, personagens sociais, geram cenas que dão à construção poética certas características cinematográficas.

Virgem Margarida (2012) enfoca questões sociais presentes no contexto imediato à independência moçambicana, momento em que a FRELIMO, partido que assume o poder após a libertação de Moçambique, queria formar o "Homem Novo".

Entre o poema e o filme, há estratégias comuns para dar visibilidade artística a questões sociopolíticas, sobretudo às que têm, nos elementos representantes da camada popular, maior impacto. Será a observação de tais recursos de elaboração das imagens e seus focos, compreendidos como recortes do real, que conduzirão nossa análise dos diálogos presentes entre as duas linguagens artísticas em questão.

Em Moçambique, cinema e fundação da nação guardam estreita ligação. A expressão cinematográfica foi, pela da força da imagem, uma aliada importante nos períodos iniciais de afirmação da liberdade e da retomada da identidade moçambicana.

> O cinema africano surpreende o projeto de reconstrução nacional na sua gênese e na sua fase mais política e ideológica do que cultural. Esse encontro começou na hora das independências, quando muitos novos estados africanos vêem no cinema uma forma de expressão artística e política de sua soberania no plano simbólico. Os primeiros filmes produzidos por cineastas africanos, às vezes, com a ajuda de seus governos ou da França, têm como vocação destilar imagens positivas da África e acabar com a dominação colonial pela imagem. (BAMBA, 2010, pp. 269-270)

Durante os anos da luta pela libertação de Moçambique, o cinema tomou diretrizes afinadas com o projeto político de nação. Nesse propósito, o cinema moçambicano não mais se confunde com o cinema antes feito em Moçambique para reforço de ideias coloniais. A partir de 1975, com o incentivo governamental e apoio do líder Samora Machel que promove a criação do INC (Instituto Nacional de Cinema), temos o nascimento do cinema de Moçambique, o *Kuxa-Kanema*, cujo direcionamento, em linhas gerais, voltava-se para a proposta central de "captar a imagem do povo e devolvê-la ao povo". Nesse contexto político e sociocultural, o documentário é o gênero que melhor vai atender aos projetos de então.

O cinema em Moçambique que fazia parte dos componentes que auxiliaram na consolidação de alicerces coloniais é repensado e surge um projeto cinematográfico que avança e procura refletir sobre a formação da nação independente, efetuando uma revisão dos próprios valores e recursos de busca de reconstrução nacional, como se pode perceber no filme *Virgem Margarida*.

Nesse percurso, a compreensão do conceito de cinema moçambicano necessita de definição com base na distinção de objetivos e propostas cinematográficas em relação ao espectador alvo, isto é, o povo moçambicano. A partir da consideração dos objetivos e, sobretudo, do executor, torna-se fundamental distinguir, na abrangência do conceito, o cinema feito em Moçambique e o cinema feito com um olhar moçambicano que valoriza o povo e os elementos da terra. Na primeira concepção, está o cinema imperial, produzido pelo colonizador, com o objetivo de fazer propaganda do regime colonial, enfim, de fato, havia um cinema português em terras moçambicanas. Na segunda, compreende-se o cinema implantado com a independência, com o apoio governamental, que propunha devolver ao povo a sua imagem, valorizando o "Homem Novo".

Licínio Azevedo foi um profissional de fundamental importância na implantação do projeto cinematográfico-político de Moçambique. A sua marcante e destacada atuação na cinematografia moçambicana, desde os tempos fundadores até a atualidade, com inúmeras premiações, o torna inquestionavelmente um cineasta moçambicano, embora sua nacionalidade seja brasileira.

Nesse período da independência, o cinema cumpre a função também de propaganda nacionalista, dessa vez, reafirmando valores para o novo homem, necessário ao novo contexto político, o homem descolonizado mentalmente. Os filmes, em geral documentários, buscavam levar esse homem a ver-se e rever-se. Projetavam, em duplo sentido, na tela e no preparo do futuro, os ideais do "Homem Novo" moçambicano. As produções também levavam aos espaços, sobretudo rurais, mensagens de cunho educativo, divulgando campanhas do governo, principalmente, voltadas para a saúde. Como fenômeno comum em países com semelhante contexto político, muitas das produções "eram filmes mais didáticos e feitos com uma grande consciência da utilidade social do cinema". (BAMBA, 2010, p. 271)

Reafirmadas as matrizes do cinema moçambicano, oportunizam-se as distinções entre os cinemas de raízes nacionais e suas pontes e diálogos. A primeira versão do cinema em sentido nacional é caracterizada, quase que exclusivamente, pelos documentários, estilo apropriado à projeção da imagem do povo. *Virgem Margarida* estabelece uma ponte entre fato e ficção, o que propicia uma revisão crítica do presente e de momentos políticos anteriores, caracterizando-se pelo que se pode compreender como uma ficção de base documental. O filme lança, na atualidade, um olhar para o passado, com imagens que refletem, ficcionalmente, sobre cenas de diferentes períodos históricos, possibilitando, na narrativa fílmica e no espectador, uma (re)visão crítica da história moçambicana. A câmera gira e busca outras tomadas do ano 1975, propondo problematizações em relação às suas diversas significações.

A história da jovem virgem é um recorte que nos leva a perceber a imposição de uma "unidade", pela força do ideário político, em um contexto absolutamente plural, levando-se em consideração a diversidade de etnias que compõem o povo moçambicano. Faz-nos notar a confrontação de períodos assemelhados em que se ignoravam as individualidades e histórias pessoais em favorecimento de um projeto "libertário" ideal, criador de uma coletividade com um rosto único, no período independente inicial, cujo propósito era fortalecer a imagem do povo moçambicano, mas que, ao usar uma estratégia impositiva, semelhante às do tempo colonial, acabou por enfraquecer essa visão do "Homem Novo".

Assim, o poder por questões ideológicas próprias constrói os discursos que, por sua vez, movem as ações; estes são o pano de fundo do processo de reeducação do povo com etapa obrigatoriamente indispensável à (re)construção do Homem Novo e da nação moçambicana.

Nas cenas iniciais do filme, quando as mulheres são transportadas para os campos de reeducação, surge uma faixa com os dizeres: "A LUTA CONTINUA". É uma fala militar de comando, cuja justificativa é a seguinte: "– A independência é apenas uma etapa da luta de libertação do nosso povo." Em outra faixa, atrás da citada, estão os suportes da luta: "Unidade. Trabalho e Vigilância".

Sendo, de fato, um processo de transição complexa e não uma mudança imediata, estabelecem-se, no processo, diversas contradições.

O filme, ambientado nos Centros de Reeducação de mulheres prostitutas, grupo que sofreu perseguição da FRELIMO, faz interagirem ficção e história. O governo moçambicano, logo após 1975, entre tantas medidas tomadas, entendia haver a necessidade de eliminar a atuação dessas meretrizes, limpando, assim, e descolonizando as suas mentes. Para tal, lançou mão de recursos, muitas vezes, desumanos. Em cena marcante, a personagem Rosa que constantemente se contrapõe e questiona os serviços forçados, é obrigada a cavar um buraco para a construção de latrinas até a medida de seu pescoço. Em seguida, por se rebelar, foi enterrada, ficando apenas com a cabeça fora da terra, sendo pisoteada pela comandante Maria João. Ironicamente, evidenciando sua insubmissão, Rosa apela para que a chefe evite sujar seus cabelos.

A condução da proposta prioritária de criar a "Mulher Nova" é levada a extremos com total desconsideração de valores caracterizadores da pessoa, do povo e da terra, como se nada antes houvesse e se partisse do zero. Em entrevista, Licínio Azevedo comenta suas percepções pessoais do processo à época e tece considerações posteriores:

> Muitas mulheres morreram nos centros de reeducação... pode chamar de centros de concentração se você quiser... uma maneira doce de dizer campos de concentração é centros de reeducação... porque era suposto saírem dali mulheres novas, não é? Para serem mães de família e tal, não é? Queriam salvar. Aquela coisa quase cristã de recuperar as prostitutas. (CABECINHAS e PEREIRA, 2016, p. 1034)

O filme nos expõe as contradições do contexto político e pode ser entendido como uma "(re) projeção" criticamente revista das condições do povo no decorrer dos anos de implantação e de estabelecimento da nação. Aspectos factuais da história da nação e do povo são inseridos no contexto ficcional, construindo pela arte a revisitação crítica da história.

Os centros eram espaço de contradições da ideologia política do novo sistema que, à época, convicto da validade e eficiência do método, pretendia que se instalassem novas mentalidades e comportamentos. Os centros metonimicamente nos apresentam o contexto do país nessa época, logo após a independência.

As técnicas do discurso cinematográfico veiculam a proposta de enquadramento; usando uma expressão fílmica, parte do primeiro plano, um nome, um rosto, para abrir, a seguir, para o plano social em que essas personagens individualizadas estão inseridas. Então temos: Margarida, as prostitutas, o povo. Percebemos que:

> O primeiro plano de um rosto ou qualquer outro detalhe implica a admissão da presença virtual do corpo. De modo mais geral, pode-se dizer que o espaço visado tende a sugerir sua própria extensão para fora dos limites do quadro ou também apontar para um espaço contíguo não visível. Esta propriedade está longe de ser exclusiva à fotografia ou ao cinema. (XAVIER, 2008, p. 22)

Não por acaso, tanto no filme de Licínio, como no poema "Mulata Margarida", de José Craveirinha, já a partir dos títulos das obras que trazem a mulata e a virgem com o mesmo nome e todas as cargas significativas nele implícitas, temos a clara aproximação do ponto de vista com que queremos propor nossa abordagem de leitura. Consideramos possível, como costuma ocorrer na literatura moçambicana, ter havido no filme uma referência reverenciadora do cineasta ao grande poeta José Craveirinha.

Desde os títulos, tanto do filme, quanto do poema, se evidencia a opção pelas prostitutas, grupo social e humano discriminado e oprimido tanto durante o colonialismo como no período imediato à independência.

Os títulos nas duas obras nos sugerem um enquadramento, na linguagem cinematográfica, em plano fechado, focalizando de perto um rosto, ou seja, o indivíduo em primeiro plano. Contudo, o que se apresenta a princípio como um olhar para o individual revela-se plurissignificativo, pois também remete aos universos históricos em que essas Margaridas se encontram inseridas.

No texto cinematográfico, tendo conhecimento da temática abordada: a prostituição frente à proposta de "limpeza" das mentes para geração de uma nova mulher moçambicana, o título *Virgem Margarida* já nos sugere as contradições e equívocos existentes nas etapas iniciais do novo sistema político.

Do engano ao capturar a jovem que fora à cidade, sem documentos de identificação, para comprar o enxoval de casamento até a frustração da comandante Maria João que abandonara planos pessoais para dedicar-se à construção da nação, passando pelos excessos cometidos no percurso da "descolonização das mentes", chegamos à constatação de que aquilo que, a princípio, funcionaria como um caminho para erguer os cidadãos moçambicanos desfeitos de sua identidade pessoal e nacional, acabou por reproduzir opressões semelhantes às praticadas nos tempos coloniais.

No poema de Craveirinha, "Mulata Margarida", o termo "mulata" carrega, no sintagma, a sugestão de mesclas diversas que compõem o sistema de exploração feminina, no período colonial, e que contribuía à sustentação econômica dos colonizadores. Em plano aberto, é denunciada a configuração da circulação financeira a partir do corpo africano feminino explorado.

Com seus abortos, doenças venéreas e útero descaído, Margarida, mulata, misturada, sugere ser metáfora de Moçambique, abusada e, ao mesmo tempo, desprezada. É essa mulher, esse povo, essa terra que o poema valoriza. É esse olhar para fora de si, para as questões humanas e sociais que fazem a poesia de Craveirinha expressar um lirismo que não se fecha no eu isolado, mas que compartilha a existência comprometida, de corpos e palavras, com o outro e com as causas populares. A poesia e o poeta se colocam próximos e em contato com os elementos mais desprezados do contexto social moçambicano. Em "Mulata Margarida" podemos perceber o posicionamento de Craveirinha identificado à análise critica que faz da sociedade moçambicana colonial:

> Os poemas de *Xigubo* revelam, apesar de tudo, uma adequação ao enquadramento sócio-histórico moçambicano, o que nos leva a concluir que a identificação que é feita em alguns textos entre o sujeito enquanto entidade singular, *eu*, e o coletivo, *nós*, pressupõe e, ao mesmo tempo permite silhuetar um espaço não só circunscrito projectivamente a África e à América, mas é, sobretudo, adequado a uma realidade nacional... (LEITE, 1991, pp. 37-38)

Em seus versos, José Craveirinha ressalta a pureza da poesia e a de Margarida, cujo corpo revela as contradições de uma imposição sexual que violentou inúmeras mulheres africanas, tornando-as prostitutas e causando-lhes doenças venéreas:

> E eu sei poesia
> Quando levo comigo a pureza
> Da mulata Margarida
> Na sua décima quinta blenorragia.
> (CRAVEIRINHA, 1995, p. 37)

Craveirinha nos habilita, pela composição verbal, a conceber imagens que Licínio Azevedo, na construção do filme, nos traz visualmente concretas. Nessas diferentes construções não há divergência quando um e outro nos sugerem significados de um e de outro momento histórico, cujo elemento mais impactado é a pessoa do povo que se oculta, em razão dos interesses dos governos. Ambos nos trazem reinvenções do real histórico como força criativa, dando ênfase a personagens genuinamente moçambicanas. Para os dois, Moçambique está nas figuras populares individualizadas que traduzem a imagem do povo.

Como recurso "fílmico", ambos enquadram o individual que dá abertura para o plano coletivo, mostrando o conjunto social. Do enfoque na história pessoal, tanto o filme como o poema se abrem à dimensão histórica com suas características políticas de efeitos sociais. Os dois contam histórias sociais, efetuam a fusão do coletivo e do individual, do histórico e do humano. No filme, podemos perceber a história de Margarida, seu drama pessoal, e a história do país recém-surgido, a história dos campos de reeducação e os dramas das prostitutas como grupos oprimidos e discriminados tanto durante o colonialismo como no período pós-colonial.

O filme trabalha com conceitos de pluralidade no espaço dos centros de reeducação, evidenciando, pelo contraponto, as contradições do processo. A construção interpretativa dos vários hibridismos presentes em Moçambique se percebe nas diferentes mulheres, nos múltiplos valores existenciais, religiosos, culturais, regionais de cada uma e, sobretudo, na mescla de histórias contadas: das prostitutas, como grupo, e das prostitutas individualmente, como Rosa, Margarida, a comandante Maria João, que trazem nelas suas histórias pessoais e a história de Moçambique.

A diversidade moçambicana foi negada, nesses campos de reeducação, em variados pontos, sobretudo, nos aspectos que se chocavam com os valores marxistas que eram inseridos nas mentalidades dos componentes da

FRELIMO, por força do apoio soviético recebido durante a luta de libertação.

No filme, pelo diálogo entre as personagens Rosa e Maria João, em que a primeira vai pedir socorro para uma reeducanda que passa mal, prestes a morrer por comer um animal dito enfeitiçado, observamos o choque cultural e religioso:

> A comandante: "– Não admitimos obscurantismos aqui. Os homens novos são científicos."
> Rosa: "– Aquilo não é científico. É feitiço."

No discurso cinematográfico, a inevitável adjetivação, que traz em si mesma a imagem, retira qualquer possibilidade de reduzir a compreensão apenas ao que se vê. As imagens vêm carregadas de significados. Lembremos as vestimentas da personagem Rosa em comparação às roupas comportadas de Margarida. As figuras das mulheres do norte, com suas marcas étnicas, são imediatamente distintas. Ou ainda, os cabelos penteados das mulheres comparados às perucas. Nas cenas coletivas, denotando as diferenças do povo, confirma-se a variedade pela adjetivação que cada elemento traz em si, mas se notam também as individualidades. Mesmo nas tomadas do todo, na generalidade vista como mulheres, como prostitutas, estas não podem omitir suas características próprias. A uniformização de condutas e de vestimentas fragiliza-se diante da forte presença da diversidade.

Já o poema de José Craveirinha nos aponta diversos personagens sociais, cujas atividades evidenciam suas profissões: a mulata Margarida, a parteira; o marinheiro inglês Joaquim; o chofer do táxi Zeca Macubana. O poeta se insere, nesse quadro social, não apenas por sua atividade artística, mas também como freguês. Ele deixa expresso seu posicionamento literário e social, advertindo que seu lirismo é crítico e vai estar no contexto dos excluídos.

> Eu tenho uma lírica poesia
> nos cinquenta escudos do meu ordenado
> que me dão quinze minutos de sinceridade
> na cama da mulata que abortou
> e pagou à parteira
> com o relógio suíço do marinheiro inglês
> (CRAVEIRINHA, 1995, p. 37)

O posicionamento inclusivo do poeta diante das prostitutas e de outros parceiros, fregueses ou participantes desse círculo social, se opõe às discriminações excludentes dos tratamentos dados às mulheres prisioneiras nos centros de reeducação.

A fome, companheira frequente e cruel das prostitutas nos centros, somente afastada por mínimas porções servidas em folhas ou nas mãos ávidas, se contrapõe à fartura oferecida à mulata do poema:

> [...] três dias apenas depois do fim do mês
> e corpo moreno de mulata Margarida
> é vestido de náilon que o senhor da cantina pagou
> é quinhenta de chá
> arroz e molho de amendoim
> de Zeca Macubana...
> (CRAVEIRINHA, 1995, p. 37)

A anulação dos vínculos religiosos pelo pensamento materialista contrasta, na poesia, com a configuração da incorporação de valores cristãos que Margarida traz em seu corpo: "fio de ouro com medalha de um misericordioso/Deus Nosso Senhor do patrão" (CRAVEIRINHA, 1995, p. 37). A voz do poeta apresenta uma irônica crítica à imposição colonial desse Deus estranho às religiosidades locais.

Há diferenciações em relação a como Margarida, no poema, acolhe o tratamento de aproximação do poeta e o distanciamento excludente recebido pelas prostitutas nos centros de reeducação, no filme. Nesse aspecto, ainda é possível perceber o posicionamento individual do poeta e o posicionamento do coletivo militar de ações movidas por comandos governamentais.

Na narrativa fílmica, a personagem Maria João, comandante do centro de reeducação, revela, em suas falas, sua condição de anulação individual, ao abandonar os planos de casamento. Ela comanda, mas também é submissa ao Partido: "– Sou Maria João, comandante Maria João. Sou mulher, mas também posso ser homem mau, muito mau para aquelas que merecerem. [...] Daqui ninguém sai sem ordens superiores. Nem vocês nem nós."

Em *Virgem Margarida*, sobressai, na visão do poder, a sujeira como resíduo colonial que precisa ser lavado, limpando as mentes. Licínio Azevedo revê os tempos da recém-surgida nação moçambicana, trazendo-nos imagens que apontam para a concepção radical, preconceituosa e generalizante dos valores adotados logo após a independência.

No poema, o olhar do eu lírico se movimenta para fora de si, para o social, melhor, para as variadas imagens sociais, em primeiro plano e em plano geral. Assim, pela figura da mulata perpassa uma rede de circulação de moedas, negócios, mercadorias e serviços que compõem sua vida submissa na cidade colonial. O poeta nos faz perceber que a diversidade de parceiros e as trocas financeiras são incentivadas pelo corpo social. Sua poesia lírica, também comprometida com as lutas políticas de libertação, traz um grito contra desvalorizações e discriminações de raça, classe e gênero. Nessa perspectiva, percebemos que:

> Os pobres não são os humildes, são os humilhados, os excluídos, os penalizados pelas desigualdades – o grande signo da dominação colonial. Ao tematizar a vida difícil da prostituta, o poeta não procura idealizá-la. Com cores firmes, busca enquadrá-la na moldura das iniquidades que a sociedade alimenta. (CHAVES, 2005, p. 147)

Na prostituta, o poeta percebe a pureza que em seu olhar poético perde o peso negativo da prostituição por conta da promiscuidade e outros fatores, pois revela que tal negatividade é fruto do colonialismo, cuja configuração político-social sempre foi discriminadora da mulher africana. Pelo olhar poético, em contraponto ao corpo social, mesmo com tantas ocorrências de doenças venéreas, o eu lírico proclama que Margarida é pura.

A mulata dá visibilidade aos dinâmicos e múltiplos itinerários econômicos e humanos da cidade de Lourenço Marques, capital de Moçambique. Por outro lado, no filme, o itinerário da virgem Margarida nos leva, por seu deslocamento forçado, a perceber, nos primeiros anos da independência, concepções e visões fixas da FRELIMO que ignoraram a multiplicidade existente nas várias regiões moçambicanas.

O texto do poeta parece antecipar, no tempo, a resposta e expor a pureza antes mesmo que se iniciasse o cruel e equivocado processo de "limpeza", método de "abortar" e fazer "nascer" à força "os novos homens e mulheres" moçambicanos.

Azevedo e Craveirinha nos vão revelar em suas produções aqui destacadas que na história social do país há histórias pessoais e, também, a configuração inversa; na história pessoal há o país descrito. Ambos vão encontrar na mulher, prostituta, individual e, simultaneamente coletiva, elementos de expressão das opressões e contradições de dois tempos históricos diferentes.

Sem dúvida, uma das cenas mais impactantes e emblemáticas do filme é a do estupro da virgem pelo camarada comandante Felisberto. A crueldade e frieza do executor contrariam os princípios declarados pelos novos dirigentes, caracterizando o afastamento entre o discurso e as práticas para promover a valorização do povo e da nação.

Rosa, em sua fala final, cobra atitudes a Maria João e faz as aproximações entre um domínio e outro, mostrando semelhanças entre o período colonial e o que vivenciam: "– Tira-nos daqui e vamos dar porrada naquele filho da puta. Ele sim, pior que o colono."

Em sentido de amplas significações e alcances, o "homem novo" reproduziu ali antigos padrões. Em certa medida, na construção forçada desse grupo em comando, talvez se possa compreender o processo e seus efeitos:

> Se há uma "arte" especialmente maldita é esta, a de forçar, através da propaganda, o esquecimento de coisas importantes a povos inteiros, substituindo-as por mentiras. Intoxicados pelas mentiras, esses povos podem ser levados a cometer as piores barbáries. (IZQUIERDO, 2007, p. 71)

Ambos, o poeta e o cineasta, mantêm seus olhares atentos às pessoas, elementos populares, configurados em contextos de jugo político-social, tanto em um tempo, como em outro. A história das personagens metaforiza, no conjunto, no filme e no poema, a história de Moçambique. Craveirinha e Licínio Azevedo nos contam estórias que, sendo pessoais, não se apartam da história nacional. Em suma, ficcionalmente, seja literária ou cinematograficamente, o pessoal, o social e o nacional se imbricam.

Aproximam-se pela relação que estabelecem com o fato social, em tempos políticos distintos, artisticamente extraindo do recorte não o fato em si, mas o lado humano nele inserido. Os olhares de ambos fixam-se na prostituição para dar enfoque à mulher explorada tanto sexual, como politicamente. Ambas as produções constroem a imagem pessoal de cada uma das Margaridas e, concomitantemente, a história sócio-política de Moçambique.

Períodos colonial e pós-colonial, ou períodos português e frelimista, acentuam tais oposições pela "exclusão" do povo, em um caso e no outro. Entre os figurantes populares, sem expressão, destaca-se a figura da prostituta, tanto no poema, como no filme. Mulheres oprimidas, prostituídas, querem falar, querem ser, querem existir no antigo e no novo regime, mas só podem sê-lo opondo seus discursos ao discurso hegemônico, à voz do poder. Na impossibilidade dessas mulheres elevarem suas vozes, o poeta e o cineasta lhes dão expressividade. Da Lourenço Marques de Craveirinha a Maputo de Azevedo, a história de Moçambique é vista e revista, repensada a partir das histórias de duas mulheres de rostos diferentes, mas de nomes iguais: Margaridas.

Referências

AZEVEDO, Licínio. VIRGEM MARGARIDA. Maputo: ACP Films, 2012 (Filme). Disponível em: <https://www.youtube.com/watch?v=6djeaBqBc> Acesso em: 03 maio 2017.

BAMBA, Mahomed. In: FRANÇA, Andréa e LOPES, Denilson (Orgs). *Cinema, globalização e interculturalidade*. Chapecó: Argos Editora da Unochapecó, 2010.

CABECINHAS, Rosa; PEREIRA, Ana Cristina. "Um país sem imagem e um país sem memória...". Entrevista com Licínio Azevedo. *Estudos Ibero-Americanos*. Revista da PUCRS. Porto Alegre: v. 42, n. 3, p. 1026-1047, set./dez. 2016.

CAN, Nazir Ahmed. Comentários diversos em aulas e em palestra sobre o filme *Kuxa-Kanema* ministradas no curso "Afeto, literatura e cinema". Faculdade de Letras, UFRJ, em 2017/1.

CHAVES, Rita. *Angola e Moçambique*: experiência colonial e territórios literários. São Paulo: Ateliê Editorial, 2005.

CRAVEIRINHA, José. *Xigubo*. 3. ed. Maputo: Associação dos Escritores Moçambicanos, 1995.

FANON, Frantz. *Pele negra, máscaras brancas*. Trad.de Maria Adriana Silva Caldas. Rio de Janeiro: Editora Fator, 1983.

IZQUIERDO, Iván. *A arte de esquecer* – cérebro, memória e esquecimento. 3. ed. Rio de Janeiro: Vieira e Lent, 2007.

LEITE, Ana Mafalda. *A poética de José Craveirinha*. 2. ed. Lisboa. Vega, 1991.

MBEMBE, Achille. "A universalidade de Frantz Fanon". In: *ArtÁfrica*. Cidade do Cabo, África do Sul, 2011. Disponível em: <http://artafrica.letras.ulisboa.pt/uploads/docs/2016/04/18/5714de04d0924.pdf> Acesso em: 10 maio 2017.

SECCO, Carmen Lucia Tindó. "Por entre sonhos e compromissos..." In: *Afeto e poesia*. Rio de Janeiro: Oficina Raquel, 2014.

_____Comentários diversos em aulas ministradas no curso "Afeto, literatura e cinema". Pós-Graduação, Faculdade de Letras, UFRJ, em 2017/1.

XAVIER, Ismail. "A Janela do Cinema e a Identificação". In: *O discurso cinematográfico*. Rio de Janeiro: Paz e Terra, 2008.

O corpo negro feminino e a prostituição em
O alegre canto da perdiz, de Paulina Chiziane, e em *Virgem Margarida*, de Licínio Azevedo

Cristine Alves da Silva

> Uma prostituta reconvertida em nossa companheira.
> Descolonizamo-la e com ela casamos.
> Albino Magaia

Com a epígrafe do poema "Descolonizámos o Land-rover", do poeta moçambicano Albino Magaia, iniciaremos o nosso percurso pela obra literária *O alegre canto da perdiz* (2008), da escritora moçambicana Paulina Chiziane, e pela narrativa fílmica *Virgem Margarida* (2012), do cineasta brasileiro radicado em Moçambique, Licínio Azevedo.

Optamos por eleger o romance *O alegre canto da perdiz* (2008) e o filme *Virgem Margarida* (2012), pois buscamos examinar nessas obras a imagem da mulher moçambicana representada e inserida no universo sócio-ficcional da prostituição, bem como as questões fundamentais que determinaram a sua condição histórica, cultural, social e política, em um primeiro momento, sob o regime colonial, e em um segundo momento, no governo pós-independente da FRELIMO.

Nessa perspectiva, verificaremos, no romance *O alegre canto da perdiz* e no longa-metragem *Virgem Margarida*, a situação à qual o corpo negro feminino foi submetido enquanto objeto da afirmação da sexualidade masculina, consequência de uma estrutura social maculada pela violência de um sistema opressor que deixou traumas difíceis de serem apagados da memória. Tal consequência fez com que o corpo da mulher negra se tornasse um espaço de negociação, uma mercadoria; em outras palavras, vender o corpo em troca de dinheiro ou bens materiais. Portanto, a prática da prostituição em território moçambicano está ligada à sobrevivência dessas mulheres. No entanto, quando a FRELIMO ascende ao poder, a prostituição passou a ser considerada uma degeneração física, moral e social, fato que, instituiu uma verdadeira caça a essas mulheres de "má-vida." Por essa razão, foram conduzidas coercivamente aos campos de reeducação para que fosse construída a "nova mulher" moçambicana.

Um corpo mercantilizado

A temática da prostituição na produção moçambicana, tendo em foco o romance *O alegre canto da perdiz* (2008), de Paulina Chiziane e o filme *Virgem Margarida* (2012), de Licínio Azevedo, nos apresenta a prostituição como um problema, dando conta do difícil convívio da mulher e da precária condição que a mesma experimenta nas sociedades colonial ou pós-colonial (CAN, 2013, p. 98).

CAN (2013), no artigo "A história na alcova: figurações da prostituta no campo literário moçambicano e nos romances de João Paulo Borges Coelho", constatou que a figura da prostituta no campo literário moçambicano possui uma vocação profundamente histórica. Segundo Francisco Noa, se a escrita colonial procurou obviá-la, limitando-se, quando muito e em seu estilo, à preta fêmea, personagem realçada pelos atributos sexuais e habitualmente retratada como uma prostituta (NOA, 2015, p. 319), a prosa e a poesia moçambicanas souberam diversificar o olhar sobre esta figura.

Nesse sentido, Can nos afirma que:

> Quer seja inscrita de forma fugaz, quer assuma protagonismo nas narrativas, a prostituta assume uma função dramática e uma dimensão de denúncia na prosa de Paulina Chiziane (2000, 2002, 2003 e 2008). (CAN, 2012, p. 98)

As mulheres constituem o eixo central narrativo da escritora, a começar pela personagem Vera, de *O sétimo juramento* (2000), cruzando ainda por Rami, de *Niketche, uma história de poligamia* (2002); Sarnau, de seu primeiro romance, *Balada de amor ao vento* (uma edição da autora, de 1991, e outra publicada em Portugal, em 2003) e Serafina, Delfina e Maria das Dores, avó, mãe e filha, respectivamente, personagens de *O alegre canto da perdiz* (2008).

As narrativas de Chiziane abordam predominantemente as questões fundamentais que determinam a condição histórica, social e política da mulher moçambicana. Há uma centralidade dos papéis femininos em sua obra, além de evidenciar o corpo feminino como uma importante categoria que exige um estudo detalhado.

Portanto, conduzidos por essas reflexões, percebemos que Chiziane privilegiou o universo feminino africano, e, sobretudo, o moçambicano, ao discutir o papel da mulher nas várias instâncias da sociedade.

O romance *O alegre canto da perdiz*, publicado em 2008 pela editora portuguesa Caminho, é o quinto livro da escritora moçambicana Paulina Chiziane. A narrativa é composta de trinta e quatro capítulos, divididos entre o percurso das três protagonistas femininas: Serafina, Delfina e Maria das Dores. Construindo um diálogo entre realidades cronológicas distintas, através das vozes femininas multigeracionais. No tocante a isso, Simone Schmidt nos tece os seguintes comentários:

> O romance nos traça uma espécie de genealogia da subalternidade feminina através da mercantilização de seu corpo, desde Serafina, que vende a virgindade de sua filha Delfina, a qual, por sua vez, entregará também a juventude de Maria das Dores ao curandeiro Simba, em troca de ajuda e proteção. (SCHMIDT. In: MIRANDA e SECCO, 2013, p. 231)

A ação dessas personagens, no decorrer da trama, aponta para a construção de um discurso feminino que expõe o estado de coisificação do corpo negro, à qual a mulher moçambicana foi submetida, sobretudo, durante o regime colonial português.

A condição da mulher moçambicana, no entanto, conduz a um sofrimento particular, que não está exclusivamente atrelado à questão epidérmica. Verifica-se, desta forma, o conceito prevalecente do corpo da negra, enquanto objeto, e cuja sensualidade quase mítica nutre a afirmação da sexualidade masculina.

Segundo Carneiro (2002, p. 169), conforme citado por Schmidt (2013, p. 231), "em toda a situação de conquista e dominação de um grupo humano sobre o outro, é a apropriação sexual das mulheres do grupo derrotado pelo vencedor que melhor expressa o alcance da derrota". Portanto, é no corpo da mulher negra que se concretiza o intento de dominação e superioridade rácica, o que "constitui elemento de grande significado no imaginário colonial europeu." (SCHIMDT, 2013, p. 232).

A consequência desse ato foi devastadora no que tange à identidade e à autoestima da mulher negra. Assim, era imposta a negociação sobre o corpo feminino e, a partir disso, era assenhoreado sexualmente, pois passou a ser, também, uma exibição do triunfo do colonizador, a saber,

> [o] corpo erotizado e posto à venda pode ser compreendido dentro da lógica de apropriação e subordinação dos colonizados no regime colonial. Em outras palavras, é preciso compreender como a lógica monetária que subordina os corpos femininos está intrinsecamente vinculada ao colonialismo, tendo como suas evidências mais concretas a cor (mulheres negras são o objeto do desejo sexual de homens brancos). (SCHMIDT. In: MIRANDA e SECCO, 2013, p. 231)

Nessa perspectiva o corpo feminino negro é procurado pelo branco para a realização dos seus desejos e vontades; no imaginário colonial o corpo da mulher negra era transformado em um espaço de lascívia e luxúria, tendo em vista que o único papel "objeto" a ser cumprido por esse corpo era pelas vias do prazer dado ao homem branco.

Violadas ou conduzidas por seus pais à cama do branco, as mulheres negras venderam, ou melhor, negociaram os seus tenros corpos a homens que simbolizavam o poder e a possibilidade de sobrevivência ante a privação econômica. Unir-se ao homem branco por meio dos favores sexuais e, até mesmo, em troca de benesses materiais advindas desse ato "mutilador" da identidade, empurra moças e mães solteiras, a fim de garantirem o sustento da família, para o submundo da prostituição.

Virgem Margarida

Virgem Margarida (2012) é um dos raros longa-metragens de ficção moçambicana. O filme é uma coprodução entre Moçambique, Portugal e França; foi filmado em Maputo e nas florestas do centro do país, entre os meses de abril e maio de 2010. Com roteiro do veterano documentarista Licínio Azevedo e Jacques Akchoti. Estreou no dia 09 de setembro de 2012, com duração de 90 minutos e classificação etária para maiores de 16 anos.

A concepção do filme surgiu quando o cineasta gravava o documentário A Última Prostituta (1999), que, a partir de uma fotografia de Ricardo Rangel, com dois militares escoltando uma prostituta e os depoimentos recolhidos, despertou a atenção de Licínio a história de uma camponesa que havia ido até a cidade comprar o enxoval e, sem estar em posse de seus documentos, a jovem foi levada por engano para os campos. Desta maneira, Virgem Margarida foi construído baseado na história dessa jovem moçambicana, em um centro de reeducação entre 700 prostitutas.

O filme centra-se em um aspecto característico do conturbado momento histórico de Moçambique, em que a política era da formação do "novo homem" e da "nova mulher" socialista. Para tanto, as jovens mulheres de aparência suspeita, ou seja, estar de peruca, roupas insinuantes, lábios pintados, salto alto, bolsa balançando entre as mãos, eram tidas como "moças de má-vida" – a "puta" – que equivale à palavra "prostituta." (TIMBANE, 2016, p. 82). Essas eram deliberadamente caçadas a fim de serem reeducadas segundo os novos padrões estabelecidos pelo governo pós-independente.

Zuleika Alambert afirma que:

> O surgimento e desenvolvimento de uma nova cultura, de uma nova moral, dentro da qual pudesse também nascer uma nova mulher, com todas as possibilidades para florescer plenamente como ser humano. (ALAMBERT, 1989, p. 68)

A imposição política do novo governo tinha como propósito abolir tudo o que remetesse a herança amarga do colonialismo, que por sua vez, gerou na estrutura social moçambicana dificuldades de ordem econômica e cultural. Mazelas impostas pelas condições subumanas de sobrevivência, associadas à exploração da força de trabalho, ao alcoolismo e à prostituição, estão entre as sequelas do colonialismo mais combatidas pela FRELIMO.

Conforme Paredes, citado por Timbane (2016, p. 76),

> [a] FRELIMO teria posto em marcha o que foi chamado de Operação Limpeza esta política apresenta a ação de grupos militares vinculados ao governo realizando o bloqueio de ruas e becos do centro de Lourenço Marques, fechando bares e cabarés. (PAREDES, 2014, p. 149. In: TIMBANE, 2016, p. 76)

Consideradas, portanto, como uma mácula do colonialismo, mereciam ser excluídas da sociedade. O clima era de extrema intolerância.

Em entrevista concedida a Ana Cristina Pereira e a Rosa Cabecinhas, para *Revista de Estudos Ibero-Americanos*, em 2016, o cineasta nos afirma que

> [m]uitas mulheres morreram nos centros de reeducação... pode chamar de centros de concentração. Uma maneira doce de dizer campos de concentração é centros de reeducação...porque era suposto saírem dali mulheres novas, não é? Para serem mães de família e tal, não é? Queriam salvar aquela coisa quase cristã de recuperar prostitutas. Transformar em mulheres úteis à revolução e tal, ao socialismo vigente na época. (CABECINHAS; PEREIRA, 2016, p. 1034)

A história foca-se em quatro mulheres, a saber: Margarida, a virgem; Rosa, destemida e prostituta de 3ª; Luísa, frágil, prostituta de 2ª, e Susana, bailarina e prostituta de 1ª e mãe solteira. Essas mulheres foram levadas para os campos de reeducação ao norte de Moçambique, para que fossem recrutadas à força, missão que a Comandante Maria João havia sido designada para cumprir. Essas mulheres deveriam ser capazes de trançar o capim para fazer os telhados das casas, desbravar a mata, abrir estradas, construir latrinas, ou seja, toda uma estrutura para ali sobreviverem.

A tradição

Um aspecto que devemos abordar é acerca das tradições presentes na narrativa fílmica *Virgem Margarida* e no romance *O alegre canto da perdiz*. Mas, antes, atentemos para o que seja a tradição no multifacetado universo africano.

De acordo com a Professora Laura Padilha em seu livro *Entre Voz e Letra: o lugar da ancestralidade na ficção angolana do século XX*, publicado em 1995 pela EDUFF, a estudiosa faz a seguinte afirmação debruçada sobre o pensamento de Gerd Bornheim: a tradição "pode ser compreendida como o conjunto de valores dentro dos quais estamos estabelecidos" (PADILHA, 1995, p. 4. *Apud*: BORNHEIM, 1985, p. 21-22), valores os quais, "pelo dito ou escrito, passam de geração em geração", portanto, adquire um "caráter de permanência", fazendo-se "princípio de determinação" (PADILHA, 1995, p. 4).

Nesse sentido, compreendemos a importância da tradição como prática social, mas devemos ressaltar que as mulheres não são favorecidas, pois, a partir da formação de uma estrutura social patriarcal, a figura feminina foi perdendo o valor.

Simone de Beauvoir, a esse respeito, observa que:

> A história nos mostrou que os homens sempre detiveram todos os poderes concretos, desde os primeiros tempos do patriarcado; julgaram útil manter a mulher em estado de dependência; seus códigos estabeleceram-se contra ela; e assim foi que ela se constituiu concretamente como Outro. (BEAUVOIR, 1980, p. 179)

Zuleika Alambert argumenta que o conceito de patriarcado é "compreendido como a relação de poder estabelecida pelo sexo masculino sobre o feminino expressa na utilização cultural, social e econômica." (ALAMBERT, 1989, p. 117).

Na cultura étnica do sul de Moçambique, na zona rural, onde o predomínio é patriarcal, é perpetuada a tradição de se "casar virgem", enfatizado pela jovem Margarida: "eu não conheço homem." Tal fato nos revela que a Margarida é sinônimo de educação e respeito às tradições. A questão da pureza sexual nesse contexto é de extrema relevância, segundo o pesquisador Alexandre Timbane.

O filme nos mostra que a mulher inserida nas tradições patrilineares do sul de Moçambique é objetificada, devendo submissão e trabalho para o homem/marido, tal como é orientado pelas leis do clã. Para exemplificar isso, temos a cena no tempo de 1:23:12, quando o comandante-chefe ordena que uma das reeducandas traga-lhe água para lavar as mãos: a mulher se ajoelha, demonstrando, assim, submissão. Em compensação a isto, a mulher é agraciada com um sabonete.

Já na narrativa de *O alegre canto da perdiz*, a tradição nos é apresentada pelas "malhas discursivas do romance que recuperam lendas e mitos fundadores ancorados nas águas do imaginário, se embaralham aos ritos da tradição ao trazer fragmentos do passado remoto para o presente" (MEDEIROS e SECCO, 2014, p. 21-22). A escritora moçambicana se reapropria dos valores da cultura chope, sua etnia de origem, "num tom fabular, maravilhoso, revestido do senso do "era uma vez..." (*idem*). Como observamos no fragmento a seguir:

> Um dia, uma das mulheres caçou um ser estranho. Parecia gente, mas não tinha mamas. Tinha cabelo no queixo e, contrariamente aos outros bichos, tinha uma cauda curta à frente e não atrás. Prenderam aquele ser e levaram-no à rainha. A rainha olhou, espantou-se. Mandou lavar aquele animal e trazê-lo para junto dela. O animal tinha magia.
> Só olhar dele provocava umas massagens concêntricas no coração, no peito, na mente. Quando lhe tocava, o sangue corria e o coração batia. A rainha deu por si a executar a dança da lua e da cobra com os lábios suspirando poemas nunca antes recitados. Da cauda do animal cresceu uma serpente, tímida, violenta, que derrubou a rainha à procura de abrigo para esconder a cabeça. Encontrou um subterrâneo, entrou de imediato. A rainha estremeceu e rendeu-se. Soltou o primeiro suspiro de amor e descobriu que o animal era, afinal, um homem. Ela começou a engordar, a engordar e nunca mais conseguiu caçar. Passado um tempo, um filho nasceu. (CHIZIANE, 2008, p. 197)

Esta citação nos revela que a mulher na África tradicional ocupou, em certas etnias, cargos de chefia no âmbito das práticas religiosas, na transmissão do conhecimento e do cultivo da terra, "atividades cotidianas levavam-nas a controlar numerosos saberes", conforme apontado nos estudos do historiador Joseph Ki-Zerbo. (KI-ZERBO, 2006, p. 103-4).

As "mãos pretas e sábias" – para usar um fragmento do poema de Tenreiro – de Paulina Chiziane escreveram sob a égide do patriarcalismo: "os homens vieram, colonizaram todas as mulheres e instalaram-se como senhores" (CHIZIANE, 2008, p. 197). Com os valores masculinos já estabelecidos, a sua escrita ficcional é robustecida pelas tensões existentes, as quais dominavam e regulavam a estrutura social moçambicana, mas são questionadas e encenadas através do corpo feminino.

A humilhação sofrida pela mulher por conta do sistema patriarcal – "a violência é produto do patriarcado, porque os homens roubaram o poder às mulheres" (CHIZIANE, 2008, p. 198) – e há muito justificada pela história oficial, nos é revelada e, sobretudo, combatida pela escrita cortante de uma mulher negra africana, a contadora de estórias Paulina Chiziane e, também, pelas lentes da sétima arte, o cinema, de Licínio Azevedo, no universo moçambicano de língua portuguesa.

Referências

ALAMBERT, Zuleika. *Feminismo*: o ponto de vista marxista. São Paulo: Nobel, 1986.

AZEVEDO, Licínio. VIRGEM MARGARIDA. Maputo: Ukbar Filmes e Ébano Multimédia (MZ), 2012. (90 min). Disponível em: <http://www.youtube.com/watch?v=-6dj_eaBqBc>

BEAUVOIR, Simone de. *O segundo sexo*. Tradução de Sérgio Milliet. 2. ed. São Paulo: Difusão européia do Livro, 1967.

CABECINHAS, Rosa; PEREIRA, Ana Cristina. "Um país sem imagem e um país sem memória...". Entrevista com Licínio Azevedo. *Estudos Ibero-Americanos*. Revista da PUCRS. Porto Alegre: v. 42, n. 3, p. 1026-1047, set./dez. 2016. Disponível em:<https://repositorium.sdum.uminho.pt/bitstream/1822/45887/1/Pereira_Cabecinhas_2016_estudos-ibero-americanos.pdf> Acesso em: 20 jun. 2017.

CAN, Nazir Ahmed. "A História na Alcova: figurações da prostituta no campo literário moçambicano e nos romances de João Paulo Borges Coelho". In: *Revista Mulemba*. Rio de Janeiro: UFRJ, v. 1, n. 8, p. 98-113, jan.-jul. 2013.

CHIZIANE, Paulina. *O alegre canto da perdiz*. Lisboa: Caminho, 2008.

KI-ZERBO, Joseph. *Para quando a África?* Entrevista com René Holenstein. Tradução de Carlos Aboim de Brito. Rio de Janeiro: Pallas, 2006.

MAGAIA, Albino. "Descolonizámos o Land-rover". In: MENDONÇA, Fátima; SAÚTE, Nelson. (Orgs). *Antologia da nova poesia moçambicana*. Maputo: AEMO, 1993.

MEDEIROS, Cláudia Barbosa de; SECCO, Carmen Lúcia Tindo Ribeiro. "O alegre canto do corpo feminino e suas notas dissonantes". In: *Revista Graphos*. UFPB/PPGL, v.16, n.1, p. 21-33, 2014.

MIRANDA, Maria Geralda de. "A África e o feminino em Paulina Chiziane". In: *Revista Mulemba*. Rio de Janeiro: UFRJ v. 1, n. 2, p. 62-70, jan./jul. 2010.

PADILHA, Laura. *Entre voz e letra*: o lugar da ancestralidade da ficção angolana do século XX. Niterói: EDUFF, 1995.

PAREDES, Marçal Menezes. *A construção da identidade nacional moçambicana no pós-independência*: sua complexidade e alguns problemas de pesquisa. Anos 90, Porto Alegre: v. 21, n. 40, p. 131-161, dez. 2.

SECCO, Carmen Lucia Tindó. *Afeto, literatura e cinema*: representações da História em obras literárias e filmes de Angola, Moçambique e Guiné-Bissau. Disciplina ministrada no âmbito do Programa de Pós-Graduação em Letras Vernáculas, UFRJ, na Faculdade de Letras, no primeiro semestre de 2017.

TIMBANE, Alexandre António. "Marcas da Identidade cultural e linguística moçambicanas no filme Virgem Margarida, de Licínio Azevedo". In: *Revista Língua e Literatura*. Rio Grande do Sul: v. 18, n. 32, p. 64-87, dez./dez. 2016.

Literatura e cinema:
um estudo sobre a adaptação cinematográfica do romance *Terra sonâmbula*

Danyelle Marques Freire da Silva

Este ensaio tem como objetivo analisar o processo de adaptação da obra *Terra sonâmbula*[1], de autoria do escritor moçambicano Mia Couto, para o formato cinematográfico desenvolvido pela diretora Teresa Prata. A narrativa literária foi publicada em 1992 e é tida como um dos doze romances africanos mais bem elaborados no século XX, enquanto que a adaptação cinematográfica teve sua estreia no dia 27 de agosto de 2007, no Festival de Cinema de Montreal, no Canadá.

O espaço literário que compõe as primeiras páginas da narrativa e dá título à parte inicial do romance "A estrada morta" é uma estrada devastada e deserta e, logo na frase de abertura do romance, "Naquele lugar, a guerra tinha morto a estrada" (COUTO, 1995, p. 09), nos são apresentados o menino e o velho que iniciam a caminhada naquela estrada, onde a natureza morta e as ações dos personagens nos remetem à guerra que assolou e destruiu tanto os sonhos quanto a natureza enquanto meio físico. O romance é composto por duas narrativas, de forma que todos os capítulos têm duas seções: a primeira versa sobre Tuahir e Muidinga; e na segunda lemos os cadernos de Kindzu. O romance se constrói através da leitura em voz alta dos cadernos (Muidinga lê Tuahir): há um texto dentro do outro; portanto, é uma narrativa em abismo.

O filme, por sua vez, resulta de uma parceria portuguesa (Filmes do Fundo), alemã (ZDF/ARTE) e moçambicana (Ébano Multimédia) com o apoio do Ministério da Cultura, do Instituto do Cinema e Audiovisual (ICA)

---

[1] Neste estudo será analisada a edição de 1995 da editora Nova Fronteira.

e do Instituto Camões. Na composição do elenco, apenas duas atrizes já tinham experiências com a sétima arte, a moçambicana Ana Magaia e a portuguesa Laura Soveral, os demais atores eram amadores e passaram por testes e treinamento, inclusive o menino de 12 anos que protagoniza Muindinga – Niko Lauro Teresa.

A diretora da obra cinematográfica, Teresa Prata, viveu os primeiros anos de vida em Moçambique, a adolescência no Brasil, teve acesso ao livro *Terra sonâmbula*, quando estudava em Berlim e ficou impactada com a narrativa de Mia Couto. Quando decidiu transpô-la para o cinema e obteve aceitação favorável do escritor, não imaginava que seu trabalho seria tão bem aceito pela crítica que o destacou como o melhor filme em competição pela Federação Internacional dos Críticos de Cinema no Festival Internacional de Cinema de Kerala, além de receber muitas outras premiações.[2]

Stam, em seu estudo *Teoria e prática da adaptação: da fidelidade à intertextualidade*, publicado em 2016, diz que uma adaptação cinematográfica como "cópia", por analogia, não é essencialmente de menor valia que o romance "original" (STAM, 2016, p. 22). De acordo com Stam, "o 'original' sempre se revela parcialmente 'copiado' de algo anterior; *A Odisséia* remonta à história oral anônima; Don Quixote, aos romances de cavalaria; Robinson Crusoé, ao jornalismo de viagem; e, assim, segue *ad infinitum* (*idem, ibidem*). Este estudo pretende, pois, analisar a adaptação de *Terra sonâmbula*, obra literária de Mia Couto, à cinematográfica de Teresa Prata. Para tanto, exploraremos nos interstícios do texto a relação com as imagens cinematográficas, pontuando os conceitos e as estratégias utilizadas pela diretora na transposição do romance à tela.

Adaptação: do romance à tela

Os estudos que têm como objeto de análise a adaptação de romances para o cinema preocupam-se em geral com questões referentes à linguagem cinematográfica e à fidelidade da sétima arte ao texto literário. Em muitos debates sobre teoria e práticas do cinema, pesquisadores e críticos lastimam o fato de o cinema, no desejo de narrar uma história,

---

[2] Premiações: International Film Festival Kerala, Índia (2008); Prêmio FIPRESCI Pune International Film Festival, Índia (2008); Melhor Realização FAMAFEST, Portugal (2008); Prêmio da Lusofonia Asian, African and Latin American Film Festival, Milão (2008); Prêmio SIGNIS Indie Lisboa, Portugal (2008); Prêmio do público e menção honrosa da Anistia Internacional Festival Internacional de Cinema de Bursa, Turquia (2008) – Melhor Argumento.

recorrer a obras literárias e adaptar as narrativas para o formato cinematográfico. Este lamento dá-se pelo fato de acreditarem que o filme perde o que caracterizam como sendo o "específico fílmico".[3] Todavia, como "o que interessa ao homem é seu próprio drama, que, de certa maneira, já se encontra pronto na literatura, o cinema volta-se para essa arte em busca de fundamento às histórias que ele quer contar" (CAMPOS, 2003, p. 43). Ou, então, encontra na literatura inspiração, porque ela "é um sistema ou subsistema integrante do sistema cultural mais amplo, que permite estabelecer relações com outras artes ou mídias" (CAMARGO, 2003, p. 9).

Randal Johnson (2003) classifica como complexas as relações entre o cinema e a literatura e acredita que essas relações se caracterizam, especialmente, pela intertextualidade. Fazendo menção aos estudos de Avellar, Johnson ainda acrescenta que "o que leva o cinema à literatura é uma quase certeza de que é impossível apanhar aquilo que está no livro e colocá-lo, de forma literária, no filme" (AVELLAR. *Apud*: JOHNSON, 2003, p. 41). De acordo com Johnson (2003, p. 42), a "insistência à fidelidade é um falso problema, porque ignora a dinâmica do campo de produção em que os meios estão inseridos" (*idem*, p. 42).

Flávio Aguiar, em seu estudo intitulado *Literatura, cinema e televisão*, pontua que muitos filmes produzidos nos últimos anos "seguiram ou perseguiram enredos e personagens consolidados primeiro na literatura" (AGUIAR, 2003, p. 119). De acordo com o pesquisador, isso foi possível pelo fato de muitos autores e romances terem sido bem aceitos pelos leitores; assim, quando adaptados ao cinema, a aceitação do público também foi positiva por terem tido acedência satisfatória na forma impressa.

Dentre os escritores moçambicanos, Mia Couto, se destaca por ter seus romances adaptados ao cinema. Além de *Terra sonâmbula*, dirigido por Teresa Prata, baseado no livro de mesmo nome, também foi adaptado o romance *O último voo do flamingo* (2009), dirigido por João Ribeiro, que destacou: "o filme não pode ser a obra que o Mia Couto escreveu", acrescentando que vai tentar, "sempre que possível", incluir a linguagem utilizada pelo escritor (In: LUSA, Agência de Notícias de Portugal, 16/01/2009).

Mia Couto é considerado um importante representante da literatura moçambicana, enquanto Ruy Guerra se destaca como notável cineasta. Guerra nasceu em Lourenço Marques, atual Maputo, capital e a maior cidade de Moçambique, no dia 22 de agosto de 1931, e radicado no Brasil desde 1958. Grande parte da produção fílmica de Ruy Guerra resulta de adaptações de nar-

---

[3] A expressividade da câmera cinematográfica, o movimento e a montagem, em suas possibilidades de disfarçar ou evidenciar a intervenção humana nos filmes.

rativas literárias, o que também evidencia a estima do cineasta pela literatura.

Dentre os muitos trabalhos dirigidos por Ruy Guerra, podemos destacar os filmes que foram adaptados de grandes obras da literatura brasileira, tais como: Kuarup (1989), baseado na obra Quarup, de Antônio Callado; Estorvo (2000), baseado na obra homônima de Chico Buarque; Quase memória (2015), seu filme mais recente, baseado na obra homônima de Carlos Heitor Cony.

Em entrevista a Antônio Costa, Ruy Guerra revela seu amor pela escrita:

> Sempre senti uma paixão pela palavra, pela literatura e pela poesia, evidentemente, mas escolhia os filmes porque houve uma altura, uma década em que filmei mais romances porque não tinha tempo para elaborar os meus próprios guiões. Agora estou filmando menos, tenho esse lado negativo, mas por outro lado, positivo. Tive a oportunidade de escrever três guiões meus, que espero que se façam e que são três histórias originais. Não tenho nada contra escrever a partir de romances, mas gosto de escrever as minhas próprias histórias (COSTA; ANTUNES, 2013, p. 476)

No entendimento de Ismail Xavier (2003), o debate sobre a adaptação de romances em obras cinematográficas tem vários desdobramentos, sendo um deles a "fidelidade" à narrativa original. Isso, porém, para o estudioso de cinema, é insustentável, uma vez que "o livro e o filme nele baseado são como dois extremos de um processo que comporta alterações em função da encenação da palavra escrita e do silêncio da leitura" (XAVIER, 2003, p. 62).

De acordo com André Bazin, trata-se de um hibridismo das artes, "há cruzamentos fecundos que adicionam as qualidades dos genitores" (BAZIN, 1991, p. 88). Bazin esclarece que essas questões que fazem com que o cinema seja visto como uma arte que "pede ajuda" a outros meios artísticos são válidas devido a sua pouca idade, comparada às demais. Tal motivo faz com que a sétima arte possa se utilizar, em seu desenvolvimento, das "artes maduras", como a literatura, o teatro, a música, a pintura, entre outras. Nesse sentido, outro estudioso de cinema, Francastel, adverte que "o cinema, sendo a mais recente das artes, deve aproveitar a contribuição da experiência das outras artes" (FRANCASTEL, 1983, p. 175).

André Bazin também chama atenção para o fato de que, enquanto o romance tem uma relação íntima com o leitor, de forma isolada, tendo como magnificência o texto verbal e não o visual, o filme é elaborado tendo como apoio as salas de cinema, onde os indivíduos que assistem são determinados, porque o cinema "não pode existir sem o mínimo de audiência imediata" (BAZIN, 1999, p. 100).

Há de se pontuar, entretanto, que "a diferença dos dois meios não se reduz à linguagem escrita e à visual" (JOHNSON, 2003, p. 42), e sim às especificidades de cada meio. Contudo, se o cinema, com todas as características que lhe são comuns, tem "dificuldade em fazer determinadas coisas que a literatura faz" (JOHNSON, 2003, p. 42), o oposto também é possível.

Terra sonâmbula: o livro

Antônio Emílio Leite Couto, o Mia Couto, nasceu em 1955, no litoral de Moçambique, na cidade de Beira, um local geograficamente privilegiado por ser ponto de encontro do Rio Pungué com o Oceano Índico. Filho de uma portuguesa contadora de histórias e de um poeta português que se apaixonou por Moçambique, Mia Couto pôde acompanhar fatos importantes na história moçambicana que foram essenciais para a construção de um pensamento e postura crítica perante as questões sociais de seu país.

A bibliografia de Mia Couto conta com mais de trinta publicações, entre prosa e poesia. Dentre as muitas premiações do escritor, destacamos o Prêmio Camões, o mais prestigioso da língua portuguesa, em 2013, e o *Neustadt Prize*, pelo conjunto da obra, promovido pela Universidade de Oklahoma, em 2014. *Terra sonâmbula* foi o primeiro romance de Mia Couto e, logo após o lançamento, em 1992 – ano em que chegava ao fim a guerra civil que, durante dezesseis anos, devastou Moçambique –, foi premiado e reconhecido como um dos grandes romances do século XX.

Em *Terra sonâmbula*, o autor explorou o animismo africano e traços próprios à oratura. O desenvolvimento da trama se dá entre as duas guerras que devastam Moçambique: a anticolonial, entre 1964 e 1975, que teve como oponente Portugal e culminou com a independência do país, e a guerra civil que se iniciou em 1976 e teve fim em 1992. O título do romance faz alusão à intranquilidade de Moçambique e à falta de repouso da terra que prosseguiu "sonâmbula".

Em meio à guerra civil de Moçambique, Muidinga foi encontrado em um campo de refugiados por Tuahir – o menino tinha o desejo de reencontrar seus pais. O garoto teve uma terrível doença que o deixou esquecido do passado e esse fato dificultou, ainda mais, a realização do desejo de encontrar sua família. Mesmo assim, os dois seguiram viagem, tentando encontrar alguma pista que os levasse à concretização do anseio do jovem sonhador.

Durante o trajeto, se deparam com um *machimbombo* (ônibus) incendiado; dentro do veículo havia muitos corpos carbonizados espalhados por toda parte. Quando saíram para enterrar os mortos, encontraram outro cadáver de um menino morto a tiro. Ao lado dele, em uma maleta, um diário conta a história da vida deste miúdo, identificado como Kindzu. Tuahir e Muidinga descobrem, através da leitura, a história desse misterioso garoto. E, quanto mais avançam na leitura, mais percebiam semelhanças entre esta história e a do próprio Kindzu.

A obra literária de Mia Couto se inicia com três epígrafes. A primeira trata-se de uma crença dos habitantes de Matimati; a segunda refere-se à fala de um dos personagens do romance – Tuahir –; e a última faz referência a uma frase de Platão. Todas elas apontam para elementos fundamentais da narrativa: o sonho/realidade e a estrada/caminhada.

Em relação à crença dos habitantes de Matimati, temos o seguinte:

> Se dizia daquela terra que era sonâmbula. Porque, enquanto os homens dormiam, a terra se movia espaços e tempos afora. Quando despertavam, os habitantes olhavam o novo rosto da paisagem e sabiam que, naquela noite, eles tinham sido visitados pela fantasia do sonho. (COUTO, 1992, p. 5)

A primeira epígrafe, apresentada em um jogo de intertextualidade, funciona como indicadora de uma via de acesso ao texto do romance. Retirada de seu contexto original, dele mantém conteúdo real que permanece como um "todo autossuficiente"[4]. Colocada em um novo contexto, revela, quando lida, separadamente, um astuto trabalho de leitura do autor.

A segunda epígrafe faz referência à fala de Tuahir, personagem de *Terra sonâmbula*. É um velho sábio que tenta resgatar todo o passado do menino, mostrando-lhe novamente as histórias e ensinamentos sobre o mundo. Eles estão fugindo dos conflitos da guerra civil em Moçambique. "O que faz andar a estrada? É o sonho. Enquanto a gente sonhar, a estrada permanecerá viva. É para isso que servem os caminhos, para nos fazerem parentes do futuro" (COUTO, 1992, p. 5).

E, por fim, a epígrafe de Platão: "há três espécies de homens – os vivos, os mortos e os que andam no amar"; envolve os múltiplos tipos de personagens apresentados no decorrer da obra.

Assim como Mia Couto recorreu às epígrafes para introduzir o leitor na história, Teresa Prata partiu da literatura para elaborar a narrativa cinematográfica, tendo ela utilizado o romance para criar uma nova obra

---

[4] A epígrafe faz um resumo do conteúdo da obra, assim, separada do todo, explica o porquê da terra ser "sonâmbula", possibilitando ao leitor o entendimento do título da obra, mesmo antes de prosseguir a leitura.

que, embora trazendo o mesmo título, adapta-se ao formato da sétima arte e tem a liberdade de mudar o percurso criado por Mia Couto, pois percebemos que o leitor, quando assiste ao filme, tem o sentimento de estar diante de uma obra bem diferente do romance. A seguir, examinaremos algumas diferenciações encontradas na transposição fílmica.

Terra sonâmbula: o filme

Terra sonâmbula, de Teresa Prata, é uma adaptação cinematográfica. Narra a história de um menino, Muidinga (Nick Lauro Teresa) que foi abandonado em um campo de refugiados e resgatado por um velho, Tuahir (Aladino Jasse). Esses personagens tornam-se amigos e, em meio às consequências desastrosas deixadas pela guerra civil moçambicana, iniciam uma viagem sem rumo, à procura da família do garoto. Em um *machimbombo* (ônibus) incendiado, fazem abrigo e, entre os muitos cadáveres, encontram uma espécie de diário que conta a história de Kindzu (Hélio Fumo). O menino Muidinga começa a ler em voz alta esses cadernos e as narrativas se entrelaçam.

O filme foi gravado em Moçambique, lançado em 2007 e grande parte da equipe é pertencente a esse país. Assim como os personagens, alguns sentiram também na pele as violências da guerra. Respondendo à pergunta sobre os motivos que a fizeram querer concretizar o desejo de adaptar *Terra sonâmbula*, Teresa Prata, declarou que o longa serviria como uma lente para que as pessoas vissem a guerra e sua realidade com um pouco mais de poesia (NUNES, *Blogue de Letras*, 25/04/2008).

Em 14 de janeiro de 2009, o filme abriu a mostra de cinema Global no *Museum of Modern Art* (MOMA) de Nova Iorque e recebeu crítica do jornalista Nathan Lee em uma coluna do jornal *New York Times*. De acordo com o colunista, o filme é "um retrato comovedor da vida durante os tempos de guerra" (In: LUSA, Agência de Notícias de Portugal, 16/01/2009), e a diretora, Teresa Prata, uma "contadora de histórias talentosa com uma visão clara, não sentimental, que consegue obter um equilíbrio entre o horror de grande dimensão e uma situação em menor escala, carregada de sentimentos simples e diretos" (*idem, ibidem*).

Ao adaptar a obra literária para seu filme de estreia, a diretora procurou mostrar o cenário catastrófico da guerra civil em Moçambique. Prata opta em fazer alterações notáveis e bem distantes da obra de Mia Couto. De início, nas primeiras cenas, podemos ver que o velho caminha à frente e ele e o menino estão calçados, enquanto que, na obra, na primeira página, lemos: "Avançam descalços, suas vestes têm a mesma cor do caminho. O velho se chama Tuahir. É magro, parece ter perdido toda a substância. O jovem se chama Muidinga. Caminha à frente desde que saíra do campo de refugiados." (COUTO, 1992, p. 10). As falas dos personagens também não são fiéis ao livro; começam semelhantes, mas, a seguir, alguns períodos são cortados e algumas cenas não são transpostas.

Em entrevista, Mia Couto (NUNES, 2008) diz que um escritor, ainda que de maneira oculta, tenha sempre a esperança de rever o que escreveu noutra linguagem, quando os seus livros se transformam em filmes, "a linguagem cinematográfica tem que ser divorciada e construída com toda a liberdade em relação ao livro. E quanto mais distante, melhor será o resultado" (COUTO. In: NUNES. *Blogue de Letras*, 25/04/2008). Podemos perceber que Teresa Prata adota essa autonomia e retira passagens importantes do romance. Nota-se que não há quase nada dos "cadernos de Kindzu" e são nesses escritos que estão expostas muitas questões referentes às crenças, culturas e à vida do povo africano. Nesses cadernos também estão presentes personagens importantes como o indiano, Surendra Valá, sua esposa Assma; o pastor Afonso, que tinha livros e passava ensinamentos; Junito, o irmão que foi morar no galinheiro, e o próprio pai do personagem, Taímo.

Mia Couto reflete sobre as dificuldades de se fazer cinema no continente africano, "sabendo que Teresa Prata teve poucos recursos e foi em condições difíceis que produziu um trabalho honesto, limpo, digno" (COUTO. In: NUNES. *Blogue de Letras*, 25/04/2008).

Sobre a dificuldade de se fazer cinema em África, o escritor e cineasta angolano Ruy Duarte de Carvalho diz que a carência de recursos é o primeiro entrave para a realização cinematográfica.

> Poucos realizadores, poucos técnicos, pouco material, carência de estruturas técnicas (estúdios e laboratórios) e administrativas (produção). O cinema africano não terá ainda ultrapassado a fama de *mégotage*[5], para utilizar a expressão de Sembène Ousmane. (CARVALHO, 1997, p. 26-27)

A companhia "Amok Teatro" lançou em 2017 a peça *Os cadernos de Kindzu*, que também tem como ponto de partida o romance *Terra sonâmbula*.

---

[5] Expressão utilizada por Ousmane Sembène para dar conta da produção de filmes, cujo objetivo maior era denunciar as mazelas e indigências causadas pela dominação colonial europeia. Para o cineasta senegalês, considerado o pai do cinema africano, a missão do cinema é denunciar e criticar os prejuízos sofridos pelos africanos pela exploração europeia – daí a ideia de *mégotage*, vocábulo que pode ser traduzido livremente por "mesquinho" ou "avarento".

Com direção de Ana Teixeira e Stephane Brodt, o espetáculo narra os doze cadernos que compõem o diário de Kindzu.

Mesmo com algumas narrativas adaptadas para o cinema e teatro, o universo de Mia Couto permanece sedutor, sendo difícil de ser inteiramente transposto para outras linguagens. Há sempre o risco de se perderem na adaptação as características únicas presentes na escrita de Mia Couto: há um poder encantador que envolve e cativa o leitor em sua vasta produção literária.

Teresa Prata realizou a adaptação de *Terra sonâmbula*, tentando não descaracterizar nenhuma das linguagens: nem a literária, nem a cinematográfica. No entendimento da diretora:

> [...] uma é para ser lida, a outra para ser vista... Foi um trabalho feito com cuidado, pensado. Quis começar de uma forma realista e acabar de uma maneira mágica e segui esse conceito também nos diálogos. Primeiro são mais duros e depois fui deixando alguns diálogos puros do Mia Couto. O meu filme é a minha visão sobre o livro e retirei dele o que me interessava contar. (PRATA. In: NUNES. *Blogue de Letras*, 25/04/2008)

Na adaptação cinematográfica de *Terra sonâmbula*, Prata usou a iluminação, o enquadramento, a tonalidade pastel, objetos simples e muitas modificações do enredo literário para transmitir as suas percepções referentes ao romance. Lendo o livro, podemos notar que as duas narrativas não se encontram claramente, enquanto que na obra cinematográfica a diretora direciona os acontecimentos de forma que as histórias se entrecruzem no final. Sobre isso Prata conclui: "por isso criei um rio que não existe no livro" (*idem, ibidem*). No filme, acompanhamos o menino e velho, dentro do *machimbombo*, navegando pelo rio. Olhando pela janela, o menino diz:

> – Olhe, tio, o rio se povoou. Quem são essa gente, o que eles fazem aqui?
> – Eles estão se lavando para entrar no ano novo puros. É como você que acabou de nascer. (PRATA, 2007. 00:35:20)

Na película, Muidinga e Tuahir seguem rio abaixo a caminho do Índico, ao encontro de Farida, que se encontra em um navio atracado em alto mar. Logo em seguida, a cena muda: os personagens que estavam dentro do *machimbombo* passam para cima do veículo. A febre do velho continua alta e o faz delirar com aves que sobrevoam a embarcação e trazem má sorte; Tuahir pede para que seu corpo seja empurrado para dentro do mar quando morrer.

Já é noite quando avistam o farol de Farida. Pela última vez, o menino lê uma passagem do diário e Tuahir morre em seus braços. Neste momento, a cena se transporta paro o momento em que Kindzu foi assassinado por um dos integrantes do bando que incendiaram o ônibus. Antes do suspiro final, Kindzu avista o velho caminhando na estrada e diz o nome do menino que ele estava procurando: Gaspar. Dando a entender que cumprira a promessa que fizera à Farida de encontrar o filho dela, logo em seguida morre e o filme termina assim.

Considerações finais

No decorrer de muitos anos, a adaptação cinematográfica foi alvo de muitas considerações por parte de críticos e pesquisadores e, com isso, foi ganhando autonomia e reforçando sua valia enquanto demonstração artística. Pudemos perceber que adaptar fielmente uma narrativa a outra linguagem artística é impossível. Não podemos admitir que, numa adaptação cinematográfica de um romance, o filme seja classificado como cópia da obra literária. A narrativa cinematográfica é uma forma criativa e crítica da obra literária e, por esse motivo, deve ser entendida como uma produção independente, que tem o livro como base de uma construção complexa que admite e prevê modificações em seu processo de desenvolvimento.

Teresa Prata alterou certos elementos da obra de Mia Couto para alcançar o campo próprio da linguagem cinematográfica, porque, diante da singular forma da escrita romanesca de Mia Couto, a cineasta compreende que o resultado da adaptação fílmica deve ser capaz de "restituir o essencial do texto e do espírito" (BAZIN, 1991, p. 96) da obra transposta. Assim, Prata aproveita do romance de Mia Couto o que ela acredita ser essencial para a linguagem cinematográfica e, depois, dá a sua versão, criando uma nova obra a partir da original.

A cineasta optou por não fazer uma obra fiel ao romance de Mia Couto. Alguns personagens não são colocados no filme e muitos fatos do livro não aparecem na película: a intenção da fuga de Kindzu, por exemplo. No livro, podemos ler que o intuito do autor dos diários era chamar os *naparamas* (guerreiros blindados) e se juntar a eles; já na adaptação, este fato não é colocado, e esta é uma passagem importante, pois Kindzu é um personagem central, cuja busca pelos *naparamas* representa a tentativa de poder encontrar o seu lugar no mundo, sua função e, consequentemente, sua identidade.

Concluímos que a adaptação de um romance para o cinema constitui um processo, no qual o diretor tem a capacidade e a liberdade para transpor para a linguagem cinematográfica o seu entendimento e a sua leitura da obra literária. A narrativa fílmica é um espaço de nova criação, em que o enredo do livro ganha nova roupagem e novos olhares.

Referências

AGUIAR, Flávio. *Literatura, cinema e televisão*. In: PELLEGRINI, Tânia *et al.* (2003). *Literatura, cinema e televisão*. São Paulo: Editora Senac São Paulo; Instituto Itaú Cultural, 2003.

BAKHTIN, Mikhail Mikhailovich. "Discourse in the Novel". In: *The dialogical imagination*. Trad. Caryl Emerson e Michael Holquist. Austin: University of Texas Press, 1981. p. 259-422.

BAZIN, André. *O cinema*. São Paulo: Brasiliense, 1991.

BRISOLA, Maria Isabel Teixeira. "Entrevista com Mia Couto". Disponível em: <http://mafua.ufsc.br/2010/entrevista-com-mia-couto> Acesso em: 13 jul. 2017.

COUTO, Mia (1992). *Terra sonâmbula*. Lisboa: Editorial Caminho, 2002.

CAMARGO, Luís. Apresentação. In: PELLEGRINI, Tânia *et al. Literatura, cinema e televisão*. São Paulo: Editora SENAC; Instituto Itaú Cultural, 2003. p. 9-13.

CAMPOS, Fernando Coni. *Cinema*: sonho e lucidez. Rio de Janeiro: Azougue Editorial, 2003.

CARVALHO, Ruy Duarte de. *A câmara, a escrita e a coisa dita... fitas, textos e palestras*. Lisboa: Cotovia, 2008.

COSTA, António; ANTUNES, Rafael. "Ruy Guerra, o cineasta da palavra". Doc On-line, n. 15, dezembro 2013, p. 471-492. Disponível em:<http://www.doc.ubi.pt/15/entrevista_rafael_antunes.pdf> Acesso em: 19 jul. 2017.

CURADO, Maria Eugênia. *Literatura e cinema*: adaptação, tradução, diálogo, correspondência ou transformação? Disponível em: <https://pt.scribd.com/document/153470455/A-Literatura-e-Cinema-Adaptacao-Traducao> Acesso em: 19 jul. 2017.

DELEUZE, Gilles. *Conversações* (1972-1990). Tradução de Peter Pál Pelbart. São Paulo: Ed. 34, 2010.

_____. Cours vincennes: intégralité du cours, 1978. Disponível em: <http://www.webdeleuze.com/php/texte.php?cle=194&groupe=Spinoza&langue=5>

FRANCASTEL, Paul. *Imagem, visão, imaginação*. Lisboa: Edições 70, 1983.

GENETTE, Gérard. *Palimpsestos*: a literatura de segunda mão. Trad. Cibele Braga et al. Belo Horizonte: Edições Viva Voz, 2010.

JOHNSON, Randal. "Literatura e cinema, diálogo e recriação: o caso de Vidas secas". In: PELLEGRINI, Tânia *et alii*. *Literatura, cinema e televisão*. São Paulo: Editora Senac de São Paulo; Instituto Itaú Cultural, 2003.

KRISTEVA, Júlia. *Introdução às semanálise*. Tradução de Lúcia Helena França Ferraz.

LUSA, Agência de Notícias de Portugal. "Terra sonâmbula, de Teresa Prata, elogiado no New York Times". Disponível em: <https://www.rtp.pt/noticias/cultura/terra-sonambula-de-teresa-prata-elogiado-no-new-york-times_n168654> Acesso em: 12 jul. 2017.

_____. 17-03-2009. "Moçambique: filme adaptado de livro de Mia Couto começa a ser rodado quarta-feira e vai custar um milhão de euros". Disponível em: <http://visao.sapo.pt/lusa/lusacultura/mocambique-filme-adaptado-de-livro-de-mia-couto-comeca-a-ser-rodado-quarta-feira-e-vai-custar-um-milhao-de-euros=f500288> Acesso em: 19 jul. 2017.

MAFUÁ, Revista. Entrevista com Mia Couto. Florianópolis, Santa Catarina, Brasil, n. 12, 2010. ISSNe: 1806-2555.

NUNES, Maria Leonor. "Terra sonâmbula", de Teresa Prata. Disponível em: <http://bloguedeletras.blogspot.com.br/2008/04/terra-sonmbula-de-teresa-prata.html> Acesso em: 13 jul. 2017. ROBERT, Stam. *Teoria e prática da adaptação*: da fidelidade à intertextualidade. Disponível em: <http://www.redalyc.org/html/4783/478348689002> Acesso em: 11 jul. 2017.

SANTOS, Estela. Ruy Guerra e suas adaptações de livros para o cinema. Disponível em: <http://homoliteratus.com/ruy-guerra-e-suas-adaptacoes-de-livros-para-o-cinema> Acesso em: 19 jul. 2017.

SOUZA, Rodrigo. "Afeto e subjetividade na intervenção" *Conte-me um segredo*. Disponível em: <https://art.medialab.ufg.br/up/779/o/RodrigoSouza2.pdf> Acesso em: 14 jul. 2017.

XAVIER, Ismail (Org.). *A experiência do cinema*: antologia. Rio de Janeiro: Graal, 1983.

Filmografia

TERRA SONÂMBULA. PRATA, Teresa (direção e roteiro). Adaptação do romance de mesmo título, de Mia Couto. É uma coprodução portuguesa e moçambicana, 2007. Duração: 01:36:00.

A Organizadora:

Carmen Lucia Tindó Secco

Professora Titular de Literaturas Africanas de Língua Portuguesa da UFRJ (Universidade Federal do Rio de Janeiro), ensaísta e pesquisadora do CNPq (Conselho Nacional de Desenvolvimento Científico e Tecnológico) e da FAPERJ (Fundação de Amparo à Pesquisa do Estado do Rio de Janeiro). Tem Mestrado em Letras pela Pontifícia Universidade Católica do Rio de Janeiro (1976), Doutorado pela Universidade Federal do Rio de Janeiro (1992) e pós-Doutorado pela Universidade Federal Fluminense, com estágio na Universidade Politécnica de Moçambique (2009-2010).

Publicações

SECCO, C. L. T. R. "As Mulheres do Imperador: Entrelaces de Histórias e Estórias". Posfácio. In: KHOSA, Ungulani Ba Ka Khosa. *Gungunhana: Ualalapi e As mulheres do Imperador*. São Paulo: Kapulana, 2018. [Vozes da África]

SECCO, C. L. T. R. "Outras fronteiras: o brilho dos pirilampos e os fragmentos da memória". Posfácio. In: LEITE, Ana Mafalda. *Outras fronteiras, fragmentos de narrativas*. 2017.

SECCO, C. L. T. R. "O legado índico da poesia moçambicana". Prefácio. In: OKAPI, Sangare. *Mesmos barcos ou poemas de revisitação do corpo*. São Paulo: Kapulana, 2017. [Vozes da África]

SECCO, C. L. T. R. "Noémia de Sousa, grande dama da poesia moçambicana". Prefácio. In: SOUSA, Noémia. *Sangue negro*. 2016. [Vozes da África]

SECCO, C. L. T. R. *Afeto e Poesia. Ensaios e entrevistas*: Angola e Moçambique. 1. ed. Rio de Janeiro: Oficina Raquel, 2014.

SECCO, C. L. T. R.; MIRANDA, Maria Geralda (Org.). *Paulina Chiziane*: Vozes e rostos femininos de Moçambique. 1. ed. Curitiba: Appris, 2013.

SECCO, C. L. T. R. (Org.). *Luís Carlos Patraquim*: Antologia poética. 1. ed. Belo Horizonte: Editora da UFMG, 2011.

SECCO, C. L. T. R.; CAMPOS, M. C. S. (Org.) ; SALGADO, T. (Org.). *África e Brasil*: Letras em laços – v. 2, 1. ed. São Caetano do Sul: Editorial Yendis, 2010.

SECCO, C. L. T. R.; SALGADO, M. T. (Org.); JORGE, S. R. (Org.). *África, escritas literárias*. 1. ed. Rio de Janeiro: Editora da UFRJ; Luanda: UEA (União dos Escritores Angolanos), 2010.

SECCO, C. L. T. R.; SALGADO, T. (Org.); JORGE, S. R. (Org.). *Pensando África*: literatura, arte, cultura e ensino. 1. ed. Rio de Janeiro: Fundação Biblioteca Nacional, 2010.

SECCO, C. L. T. R. *A magia das letras africanas*. 2.ed. revista. Rio de Janeiro: Editora Quartet, 2008; Lisboa: Novo Imbondeiro, 2004; Rio de Janeiro: Barroso Produções Editoriais, 1. ed. 2003.

SECCO, C. L. T. R. *Entre fábulas e alegorias. Ensaios sobre literatura infantil de Angola e Moçambique*. 1. ed. Rio de Janeiro: Editora Quartet, 2007.

SECCO, C. L. T. R. (Org.) ; MACEDO, T. C. (Org.); CHAVES, R. (Org.). *Brasil e África*: como se o mar fosse mentira. 2. ed. São Paulo: Editora da UNESP; Luanda: Editora Chá de Caxinde, 2006.

SECCO, C. L. T. R. Resenha crítica para a orelha do livro: PEPETELA. *A gloriosa família*. 1. ed. Rio de Janeiro: Nova Fronteira, 1999.

SECCO, C. L. T. R. (Coord. e Org.). *Antologia do mar na poesia africana do século XX*: Moçambique, Guiné-Bissau, São Tomé e Príncipe (v. III). 1. ed. Rio de Janeiro: Coordenação dos Cursos de Pós-Graduação em Letras Vernáculas – Faculdade de Letras, UFRJ, 1999.

SECCO, C. L. T. R. (Org.). LEMOS, Virgílio. *Eroticus moçambicanus*: 1. ed. Rio de Janeiro: Nova Fronteira, 1999.

SECCO, C. L. T. R. (Coord. e Org.). *Antologia do mar na poesia africana do século XX*: Cabo Verde (v. II). 1. ed. Rio de Janeiro: Coordenação dos Cursos de Pós-Graduação em Letras Vernáculas – Faculdade de Letras da UFRJ, 1997.

SECCO, C. L. T. R. (Coord. e Org.). *Antologia do mar na poesia africana do século XX*: Angola (v. I). 1. ed. Rio de Janeiro: Setor de Publicações da Faculdade de Letras da UFRJ, 1996; Luanda: Kilombelombe, 2000 (edição revista e ampliada).

SECCO, C. L. T. R. *Além da idade da razão*: longevidade e saber na ficção brasileira. 1. ed. Rio de Janeiro: Graphia, 1994.

SECCO, C. L. T. R. *Morte e prazer em João do Rio* (texto integral). 1. ed. Rio de Janeiro: Editora Francisco Alves, 1978.

Os Autores

ANA LIDIA DA SILVA AFONSO graduou-se e licenciou-se em Português-Literatura pela Faculdade de Formação de Professores da Universidade do Estado do Rio de Janeiro (UERJ). Especializou-se em Literaturas e Culturas de Língua Portuguesa e é Mestre em Literatura Portuguesa e Literaturas Africanas pela Universidade Federal Fluminense (UFF). É professora de Língua Portuguesa e Literatura Brasileira da Rede Estadual do Rio de Janeiro – SEEDUC. É doutoranda do Programa de Pós-Graduação em Letras Vernáculas, Literaturas Portuguesa e Africanas, da Universidade Federal do Rio de Janeiro (UFRJ).

BEATRIZ DE JESUS DOS SANTOS LANZIERO graduou-se e licenciou-se em Português-Literaturas, pela Universidade Federal do Rio de Janeiro (UFRJ), onde especializou-se em Literaturas de Língua Portuguesa e fez Mestrado em Literatura Portuguesa. É professora de Língua Portuguesa e Literatura Brasileira na Rede Municipal de Duque de Caxias e na FAETEC. É doutoranda do Programa de Pós-Graduação em Letras Vernáculas, Literaturas Portuguesa e Africanas, da Universidade Federal do Rio de Janeiro (UFRJ).

CARLA TAIS DOS SANTOS, em 2012, licenciou-se em Letras (Português) e bacharelou-se em Língua Italiana pela Universidade de São Paulo (USP). Cursa o Mestrado em Literaturas Africanas de Língua Portuguesa no Programa de Pós-graduação em Letras Vernáculas da Universidade Federal do Rio de Janeiro (UFRJ). Seu projeto de pesquisa atual versa sobre a representação literária dos campos de reeducação em Moçambique pós-independente.

CRISTINE ALVES DA SILVA é graduada em Letras (Português-Literatura), pela Universidade Estácio de Sá. Possui especialização em Literaturas de Língua Portuguesa pela mesma instituição. É mestranda em Literaturas Portuguesa e Africanas de Língua Portuguesa na Universidade Federal do Rio de Janeiro (UFRJ). Seu projeto de pesquisa atual versa sobre a representação literária do espaço em romances do escritor moçambicano João Paulo Borges Coelho.

DANYELLE MARQUES FREIRE DA SILVA fez graduação em Comunicação Social (Jornalismo) pela Pontifícia Universidade Católica de Minas Gerais e em Letras pela Universidade Metropolitana de Santos (Unimes). É Mestre em Letras (Linguagem, Cultura e Discurso) pela Universidade Vale do Rio Verde. É doutoranda em Letras Vernáculas na Universidade Federal do Rio de Janeiro (UFRJ). É professora de Língua Portuguesa nos cursos de Jornalismo, Publicidade e Propaganda, Direito e Enfermagem na Universidade Estácio de Sá.

LUCCA DE RESENDE NOGUEIRA TARTAGLIA é doutorando em Letras Vernáculas na Universidade Federal do Rio de Janeiro (UFRJ). Concluiu o Mestrado em Letras (Estudos Literários), pelo programa de pós-graduação da Universidade Federal de Viçosa, em 2014. Graduou-se em Letras (Língua Portuguesa-Literaturas de Língua Portuguesa), pela mesma instituição, em 2013. Possui artigos publicados em periódicos nacionais.

MARIA GERALDA DE MIRANDA é graduada em Letras e em Comunicação Social (Jornalismo). É especialista em Literaturas Vernáculas pela Universidade do Estado do Rio de Janeiro (UERJ), é Mestre em Literatura Comparada e Doutora em Letras pela pela Universidade Federal Fluminense (UFF). É Professora Titular do Centro Universitário Augusto Motta, UNISUAM. É Diretora Executiva do Centro Cultural Justiça Federal, CCJF. Fez pós-Doutorado em Literaturas Africanas na Universidade Federal do Rio de Janeiro (UFRJ), e em Políticas Públicas e Formação Humana pela UERJ. Faz pós-Doutorado na Universidade de Lisboa.

MARLENE DOS ANJOS é professora da Rede Pública Estadual do Rio de Janeiro, com atuação no Ensino Médio e em coordenação de projetos culturais que enfatizam as relações África-Brasil. É graduada em Letras (Português-Literatura), tem especialização em Literaturas Portuguesa e Africanas de Língua Portuguesa e é Mestre em Literaturas Portuguesa e Africanas de Língua Portuguesa, pela Universidade Federal do Rio de Janeiro (UFRJ).

MARLON AUGUSTO BARBOSA tem graduação em Letras - Português e Literaturas de Língua Portuguesa (2014) pela Universidade Federal do Rio de Janeiro (UFRJ). É Mestre em Teoria Literária (2017). É doutorando pela mesma instituição, onde desenvolve um projeto intitulado "Pensar a imagem sob o risco: escrita e psicanálise", com bolsa do CNPq. Foi professor substituto de Teoria Literária da Faculdade de Letras da UFRJ. É o editor responsável pela *Revista Garrafa*, do Programa de Pós-Graduação em Ciência da Literatura (PPGCL) da UFRJ.

VANESSA RIBEIRO TEIXEIRA é Professora Adjunta do Setor de Literaturas Africanas de Língua Portuguesa da Faculdade de Letras da Universidade Federal do Rio de Janeiro (UFRJ) e Chefe do Departamento de Letras Vernáculas da UFRJ (2018 e 2019). Graduou-se em Português-Literatura pela UFRJ em 2001. É Mestre em Literaturas Africanas e Portuguesa pela UFRJ (2004). É Doutora em Literaturas Portuguesa e Africanas pela UFRJ (2009). Fez pós-Doutorado na UFRJ, com bolsa da Fundação de Amparo à Pesquisa do Estado do Rio de Janeiro (FAPERJ) - 2012 e 2013.

VIVIANE MENDES DE MORAES cursa pós-Doutorado em Filosofia Africana, no Instituto de Filosofia e Ciências Socias da Universidade Federal do Rio de Janeiro (IFCS/UFRJ). Fez graduação em Letras - Português e Literaturas de Língua Portuguesa (2006), Mestrado em Literaturas Africanas (2010) e Doutorado em Literaturas Africanas (2015), pela Universidade Federal do Rio de Janeiro. Foi professora substituta de Literaturas Africanas da Faculdade de Letras da UFRJ. É professora atualmente no Centro Universitário Geraldo di Biasi - UGB.

fontes	Andada (Huerta Tipográfica)
	Open Sans (Ascender Fonts)
papel	Pólen Soft 80 g/m²
impressão	BMF Gráfica